本书得到 2020 年重庆师范大学学术专著出版基金资助

WOGUO SHEHUIGONGZUO YANJIU DE
HUIGU YU ZHANWANG

我国社会工作研究的回顾与展望

刘斌志 著

中国社会出版社
国家一级出版社 · 全国百佳图书出版单位

图书在版编目（CIP）数据

我国社会工作研究的回顾与展望 / 刘斌志著 . —北京：中国社会出版社，2022.7
ISBN 978-7-5087-6795-6

Ⅰ．①我…　Ⅱ．①刘…　Ⅲ．①社会工作—研究—中国
Ⅳ．① D632

中国版本图书馆 CIP 数据核字（2022）第 102312 号

出 版 人：浦善新　　终 审 人：李　浩
责任编辑：张　迟　　策划编辑：张　迟
责任校对：朱赛亮　　封面设计：时　捷

出版发行：中国社会出版社　　地　　址：北京市西城区二龙路甲 33 号
邮政编码：100032　　编 辑 部：(010)58124856
网　　址：shcbs.mca.gov.cn　　销 售 部：(010)58124821
经　　销：新华书店

印刷装订：北京虎彩文化传播有限公司
开　　本：170 mm×240 mm　1/16
印　　张：12.75　　字　　数：220 千字
版　　次：2022 年 7 月第 1 版　　印　　次：2022 年 7 月第 1 次印刷
定　　价：55.00 元

中国社会出版社微信公众号

中国社会出版社天猫旗舰店

目　录

上编　群体编

中编　场域编

下编　议题编

· 上编 ·

群 体 编

第一章　关爱与保护：新世纪我国儿童社会工作研究

儿童群体是社会中最为弱小的群体，是社会福利和社会制度中受惠最小的群体，理应受到社会的重点关注。近年来，有关损害儿童利益的事件频繁发生，儿童的救助和保护成为社会发展的重中之重。社会工作作为一门专业学科，运用其独特的理论视角和方法技巧，能较好地帮助儿童走出困境、适应社会。我国儿童社会工作的发展还处于初期阶段，通过对以往文献进行回顾，我国儿童社会工作的研究体系和发展模式还不够成熟。因此把握儿童社会工作研究的重要领域及发展趋势，对未来儿童社会工作的发展具有借鉴意义。

一、中国特色儿童社会工作研究的核心议题

（一）儿童社会工作的价值伦理

儿童社会工作关于价值伦理的研究主要集中于伦理议题、伦理守则这两个方面。具体如下：

一方面是伦理议题的研究，伦理议题研究是指社会工作者在服务过程中遇到的伦理困境和冲突。其一，从儿童层面来看，儿童兼具自身发展和社会发展的双重任务，因此会面临着案主自决和社会目的伦理冲突。苏日娜的研究认为，社会工作强调促进儿童身心全面发展的目标是

一种社会主流价值选择，这种选择往往意味着对儿童个性和想象力的束缚。其二，从儿童家长层面来说，每个家长都无不希望自己的孩子是优秀的、懂事的，但是在渴望孩子变优秀的同时却不希望孩子的缺点暴露在外人或公众面前。季丹丹认为，在儿童社会工作中家长有着绝对的权威，孩子是处在家长的“领导下”的，而家长的“爱幼”可能会使社会工作者对案主产生过多的同情和照顾，使案主对社会工作者产生过多的依赖而不自知，从而陷入伦理抉择的困境。[①] 其三，从社会工作者层面来说，社会工作者在开展服务时会面临产生多重关系的冲突。多重关系指社会工作者在服务对象身上扮演两个或两个以上的角色，杨文超指出，作为直接服务对象的儿童和间接服务对象的家长，他们很难仅仅把社会工作者当作拥有专业社会工作技能的人员，更多是将社会工作者当作朋友，并在服务结束时因难以接受朋友关系的断裂而产生心理行为倒退的现象。除此之外，社会工作还会面临案主利益与机构利益的冲突。温全丽认为，在我国的儿童保护系统中，社会工作者有学校、福利机构等不同的归属机构，如果社会工作者所在的机构本身伤害了儿童的利益，此时，社会工作者把谁的利益放在优先位置就成了重要问题。[②]

另一方面是伦理守则的研究。伦理守则研究是关于社会工作者在服务过程中的核心理念及行为守则的研究。不同的学者有不同的研究，但大多赞同社会工作在提供服务时应遵循儿童利益最大化原则、儿童优先原则、伤害最小原则及平等参与原则。张小屏认为，社会工作者对留守儿童提供服务时应遵循生态系统原则，社会工作者应从留守儿童自身及其与家庭、同辈群体、村组社区、学校、服务机构等的互动关系中分析

---

① 苏日娜，季丹丹．儿童社会工作的伦理困境及应对原则探析［J］．学理论，2018（01）：106-108.

② 温全丽．儿童社会工作实务中主要伦理抉择及困境探索——基于对《地球上的星星》的分析［J］．劳动保障界，2018（06）：50.

留守儿童问题，识别所需资源，提供专业服务，促进留守儿童全面发展。[①] 苏日娜等认为，应遵循差别平等原则，在面对案主时遵循轻重缓急的原则，合理分配资源，高效周到地处理问题。

（二）儿童社会工作的理论视角

儿童社会工作作为一门专业的学科，有其独特的理论基础支撑。儿童社会工作发展至今，已经有了多维度、多学科的理论视角，包括心理学、社会学、社会工作学等学科。具体如下：

首先，是心理学层面的理论。学者关于儿童社会工作在心理学层面的研究主要集中于依恋理论和抗逆力理论两个方面。而李丹、肖玉波等人则把依恋细分为安全型依恋、抗拒型依恋、回避型依恋，具体分析了农村留守儿童的发展困境，提出社会工作者要积极协助留守儿童建立安全的依恋关系，以促进其获得更好的发展。刘玉兰、彭华民等人认为，儿童抗逆力是指儿童在逆境中克服困难，展示积极适应结果的能力，详细分析了儿童抗逆力视角下的社会工作实践的干预理念、干预系统和干预原则。并基于"抗逆小童星"实践项目，总结出优势取向的流动儿童抗逆力提升模式。[②] 薛琦予认为，在提升流动儿童抗逆力服务的过程中，过分关注个人抗逆力培养，导致家庭抗逆力关注不足，提出社会工作者应提升保护性因素来提升家庭抗逆力。[③]

其次，是社会学层面的理论。学者对社会学理论运用于社会工作实务的研究主要基于关系视角和信息加工理论。王进文等在研究农村留守儿童的过程中基于"关系社会"的本土语境，以及获取信任的"给面

---

① 张小屏．民族地区农村留守儿童的社会工作干预机制研究［J］．广西社会科学，2018（07）：177-182.

② 刘玉兰，彭华民．儿童抗逆力：一项关于流动儿童社会工作实务的探讨［J］．华东理工大学学报（社会科学版），2012，27（03）：1-8.

③ 薛琦予．家庭抗逆力视角下流动儿童社会工作服务的实践路径［J］．青少年学刊，2018（03）：16-21.

子”“做人情”“搭关系”的概念，依托个案工作方法，促动了留守家庭亲缘关系的包容性发展。[①] 信息加工理论认为，人的认知过程就是对信息的加工过程。李丹和吴帆以信息加工论为基础，评估小组工作在流动儿童情绪方面的作用，从社会工作行为操作层面，提出促进流动儿童情绪发展的路径和方法。[②]

最后，是社会工作学层面的理论。儿童社会工作的发展充分运用了优势视角理论和增权理论。优势视角主要运用在预防留守儿童犯罪、福利院儿童发展、儿童学习能力提升等领域。徐云等认为，优势视角作为社会工作解决问题的一种新模式，提出应从“社区—家庭—学校—个人”四个方面着手，发挥积极因素，转化或改善消极作用，从多角度预防留守儿童犯罪问题的发生、发展。[③] 赖晓清认为，在促进儿童学习能力成长时，要从关注优势和挖掘潜能的理念出发，注重正强化，将优势视角的社会工作服务和学校教育相结合。[④] 而增权理论则主要运用于单亲家庭儿童、患病住院儿童和留守儿童等领域。郝朝霞认为，儿童“赋权”有利于儿童解决问题能力的获得，以及儿童自我认同的发展，并提出社会工作在提供儿童服务的过程中应建立儿童工作小组，形成同辈网络群体。[⑤]“小组动力学”也是社会工作常见的理论方法，汤素素在学龄儿童“人际交往”的社会工作介入过程中将“小组动力”理论贯穿于小组活动的筹

① 王进文，张军．“关系”视域中农村留守儿童问题的社会工作生态介入［J］．社会工作，2018（01）：71-81+111.

② 李丹，吴帆．社会信息加工理论视角下流动儿童情绪干预研究——基于小组社会工作行动干预的分析［J］．中国特殊教育，2016（03）：44-51.

③ 徐云，何红梅．社会工作的优势理论——预防留守儿童犯罪问题的新视角［J］．社会工作，2012（11）：57-60.

④ 赖晓清．优势视角下的社会工作服务与儿童学习能力的成长［J］．儿童发展研究，2016（04）：68-72.

⑤ 郝朝霞，李海鸥．儿童“赋权”：内涵、依据、意义与策略——基于社会工作理论的视角［J］．陕西学前师范学院学报，2018，34（03）：48-52.

备阶段、工作阶段和结束阶段，提高了学龄儿童的人际交往能力。[①] 生态系统理论作为社会工作的基本分析方法，在儿童社会工作领域也得到了较多的运用。李铭在社会工作介入聋哑儿童服务中，将聋哑儿童的生态系统分为微观系统、中观系统、外部系统、宏观系统和时间系统，并强调在生态理论下社会工作的服务目标为帮助服务对象恢复个人与生活环境的平衡，使他们能够重新有效配合、相互协调。[②] 雷静和魏璐璐在流动儿童权益保护的社会工作实践研究中以生态系统理论为指导对“阳光伙伴”项目的服务理念、服务取向、服务方法和服务评估进行了系统性的服务模式探索。[③] 可见，社会工作学的理论在儿童社会工作的服务领域得到了充分的运用。

（三）儿童社会工作的方法技术

针对儿童这一特殊群体，社会工作在实践中探索出了多种服务模式，包括微观层面的增能性的个案工作、中观层面的修复关系性的小组工作以及宏观层面的改善社会环境的社区工作和社会政策。具体如下：

首先，是微观层面的方法技术研究，主要包括阅读疗法、理性情绪疗法、社会心理模式、认知行为模式、任务中心模式。杜立婕等在医务社会工作实践中，将“绘本阅读”用于干预住院患儿情绪社会性的研究，提升了患儿的依从性与社会性能力，同时也为今后开展儿童医务社会工

---

① 汤素素，张小华．“小组动力学”视角下学龄儿童“人际交往小组”社会工作介入［J］．社会工作（学术版），2011（07）：56-59.

② 李铭．聋哑儿童社会生态系统与社会工作介入探析［J］．法制与社会，2018（13）：148-151.

③ 雷静，魏璐璐．生态系统视角下流动儿童权益保护的社会工作实践研究——以江苏省常州市“阳光伙伴”项目为例［J］．科教文汇（上旬刊），2017（05）：189-190.

作提供了实务经验。[①] 吴巧敏认为，社会工作在介入特殊儿童家庭时，应运用理性情绪治疗模式协助特殊儿童家长处理非理性信念，让家长学会与自己的非理性信念和情绪进行辩驳，正确对待自己、孩子及他人。[②] 许蕊在城边社区儿童社会工作研究中运用社会心理治疗模式的个案工作手法，把心理因素和社会因素结合起来帮助服务对象，从性格、学习、行为这三个方面进行社会心理研究，以正确引导和辅助城边社区儿童健康成长。[③] 由此可见，个案工作对于儿童的情绪管理具有很强的适用性。

其次，是中观层面的方法技术研究，这种方法主要以团体工作的形式来开展，包括治疗小组、兴趣小组、教育小组、朋辈小组、音乐治疗等几种类型。唐艺璇在介入自闭症儿童社会工作服务的过程中将音乐疗法与专业社会工作方法相结合，探索出主动音乐治疗与个案社会工作相结合、被动音乐治疗与小组社会工作相结合的两种模式，以期帮助自闭症儿童更好地回归正常生活，健康成长。[④] 张学东和李红霞在儿童语言早熟与家庭社会工作干预研究中提出，让父母与儿童结成小组，组织活动，促进亲子之间的相互了解，明确双方的角色扮演，形成和谐的亲子关系。针对语言早熟儿童父母也采取小组工作的形式，让其集体相互学习育子技巧。[⑤] 杨明伟和李英认为，针对流动儿童自卑心理的问题应采用朋辈小组的工作方法，通过小组活动让流动儿童适应团队合作，学习如何与他

---

① 杜立婕，翟松．绘本阅读对患病儿童情绪社会性的影响研究——基于上海 Y 医院医务社会工作经验［J］．华东理工大学学报（社会科学版），2018，33（05）：53-64.

② 吴巧敏．特殊儿童家庭的社会工作介入策略［J］．中国社会工作，2018（27）：42-43.

③ 许蕊，何炳乾．“心理暨社会治疗模式”下城边社区儿童的个案社会工作介入研究——以乐和社工服务中心“七色光”社区学堂某个案为例［J］．科教文汇（下旬刊），2017（01）：158-159.

④ 唐艺璇．音乐治疗介入社会工作实务的实践分析——以自闭症儿童的社会工作为例［J］．阜阳职业技术学院学报，2018，29（01）：75-77.

⑤ 张学东，李红霞．儿童语言早熟与家庭社会工作干预策略［J］．北京青年政治学院学报，2010，19（03）：19-23.

人交际、合作的技巧，增强其自信心。①

最后，是宏观层面的方法技术研究，此方法主要指多主体“联动”模式，为各类特殊儿童群体搭建社会支持网络。林李楠在研究留守儿童成长问题的过程中尝试探索一种多元合作的学校社会工作服务模式，在充分动员和联合政府、学校、专业社会工作者的前提下，积极促成三者间的积极协同与合作，从而为留守儿童重建一个强大的社会资源支持与教育网络，促成其实现预期正常的早期社会化。② 王淼从生态系统理论出发，调查分析了单亲家庭儿童的微观系统，提出应形成“三社联动”的介入策略，以社会工作者为主导，以社区为媒介，在社会范围（包括学校和家庭）内推广社会关系改善项目，以提升单亲家庭儿童的微观支持系统，促进其社会交往的发展。③ 针对流动儿童的服务，刘玉兰和彭华民从跨文化社会工作的视角出发，提出社会工作者应从服务理念、服务主体、服务内容、服务方法上进行转化，采用整合的社会工作方法，综合运用个案、小组、社区等专业的社会工作方法解决流动儿童面临的问题。④ 可见，宏观层面的社会工作方法强调多方参与，从儿童的生理、心理及社会三个方面介入。

（四）儿童社会工作的实务领域

首先，是救助性服务的研究，主要集中于流浪儿童救助、罕见病儿童家庭救助、灾后儿童救助等领域。学者对于救助性服务的研究主要是

① 杨明伟，李英．流动儿童自卑心理的表现及小组社会工作方法的介入技巧——以G社区Q项目为例［J］．现代交际，2019（02）：52-53.

② 林李楠，陶双宾．学校社会工作介入留守儿童成长的可行模式研究［J］．安徽理工大学学报（社会科学版），2018，20（06）：79-83.

③ 王淼．单亲儿童的社交力与社会工作介入研究［J］．兰州学刊，2017（08）：141-151.

④ 刘玉兰，彭华民．跨文化社会工作视角下的流动儿童服务模式重构［J］．学术论坛，2014，37（04）：95-100.

对其救助路径进行探析。对于流浪儿童的救助，杨慧和许永霞对比分析了流浪儿童传统救助和社会工作介入的区别，提出了社会工作具有需求导向、关注点、意愿、方法、资源5个方面的超越性，倡导社会工作既要结合传统社会救助的经验，又要基于证据为本，才能提供符合儿童需要的专业服务。[①] 冯元和彭华民以N市救助管理站为例，在总结该站的社会工作应用探索经验的基础上，深入分析社会工作融入救助保护工作中具有的优势和存在的问题，就推进社会工作在流浪儿童救助领域的应用提出相应对策。[②] 对于罕见病儿童，纪文晓认为应对其家庭进行救助，提出社会工作应以家庭为中心进行抗逆力提升，并倡导国家和社会给予罕见病儿童家庭更有效的政策支持，扩大家庭助养的范围和形式。[③] 秦安兰认为，社会工作在灾后儿童的心理重建中发挥重要作用，提出社会工作服务应从生态系统理论出发，综合运用个案工作和小组工作对灾后儿童进行认知辅导和心理重建。[④] 可见，社会工作在儿童救助领域已经有了比较成熟的服务理念和服务模式。

其次，是预防性的研究，主要集中于流动儿童抗逆力、流动儿童城市适应性、农村留守儿童偏差行为、儿童虐待防治等领域。刘玉兰和彭华民认为，家庭抗逆力理论实现了家庭研究范式到优势视角的转型，提出家庭抗逆力视角下的流动儿童家庭社会工作服务能够有效改善当前流动儿童家庭服务面临的问题化、个体化和静态化的困境，对探讨流动人

---

① 杨慧，许永霞．流浪儿童的社会工作与社会救助：超越与融合［J］．华东理工大学学报（社会科学版），2015，30（01）：22-28.

② 冯元，彭华民．社会工作在流浪儿童救助中的应用研究——以N市救助管理站为例［J］．河北青年管理干部学院学报，2012，24（04）：1-6.

③ 纪文晓．罕见病儿童家庭照顾风险及社会工作服务模式建构［J］．中国社会工作，2017（18）：14-19.

④ 秦安兰．地震灾区儿童心理重建与社会工作介入［J］．社会工作（学术版），2011（11）：67-70.

口聚居区家庭社会工作服务有积极的借鉴意义。① 李艳红认为，社会工作对流动儿童城市适应问题的介入是非常重要的，能够增强其学习能力、人际交往能力以及城市生活适应能力。苗青青运用社会系统理论和生态理论对农村留守儿童的偏差行为的原因进行分析，提出社会工作者应先对儿童遇到的困境进行评估，对不同类型予以归纳分析，综合运用社会工作的三大工作手法帮助农村留守儿童改正其偏差行为。② 针对儿童心理虐待行为，冯元从实务案例出发，提出社会工作的服务应遵循“类型化”与“个别化”相结合的干预原则，强调社会工作在资源整合、关系调试和服务传递方面的专业优势，从而促进儿童虐待防治工作的加速发展。③

再次，是治疗性的研究，主要包括城市边缘儿童心理治疗、自卑儿童情绪治疗、农村留守儿童心理治疗等领域。许蕊等以个案为例，以心理社会治疗模式来分析城边儿童成长过程中的生理、心理和社会等因素及相互关系之间的互动作用，以专业的方法技术来促进城边儿童的问题解决和健康成长。④ 吴燕在实习期间合理利用 ABC 理论和理性情绪疗法对高攻击性的自卑儿童提供服务，帮助服务对象提升自我效能感和减少高攻击性行为。针对农村留守儿童的心理健康问题，岳颂华认为应采取个案工作的服务方式，对父母刚刚外出务工及心理健康状况堪忧的留守儿童进行心理辅导，直面心理问题，缓解其心理危机，使儿童身心恢复

---

① 刘玉兰，彭华民．家庭抗逆力视角下流动儿童家庭社会工作服务实践重构［J］．中州学刊，2016（11）：67-72.

② 苗青青．农村留守儿童偏差行为的社会工作介入［J］．阜阳师范学院学报（社会科学版），2018（04）：122-127.

③ 冯元．儿童心理虐待行为过程与社会工作干预策略——基于一个儿童受虐案例的分析［J］．浙江工商大学学报，2017（06）：117-126.

④ 许蕊，何炳乾．“心理暨社会治疗模式”下城边社区儿童的个案社会工作介入研究——以乐和社工服务中心“七色光”社区学堂某个案为例［J］．科教文汇（下旬刊），2017（01）：158-159.

到平衡协调状态。①

最后，是发展性的研究，主要集中于儿童性教育、残疾儿童教育、自闭症儿童融合教育、留守儿童家庭教育、流动儿童学习能力提升等几个领域。关于儿童性教育，梁梦娜等人认为社会工作应从枢纽联动机制、三级介入机制和体验式学习三个方面对儿童开展性教育服务，社会工作者更应发挥倡导者角色，整合各方资源，提出合理可行的政策条例，使儿童性教育保护制度更完善。② 针对残疾儿童的教育问题，戴卫东和顾梦洁探讨了个案社会工作的赋权模型、倡导模型和个案管理模型的具体介入方法，展现了残疾儿童教育问题中社会工作介入的优越性。金碧华和杨佳楠梳理了自闭症儿童融合教育中遇到的困境，探讨了社会工作从直接介入和间接介入两个层面为自闭症儿童融合教育提供服务的优势，指出社会工作为自闭症儿童融入社会提供了人才支撑和方法支撑。③ 刘冰倩以社会学习理论为支撑为城区流动儿童开展了学习小组，让流动儿童在快乐中学习，以期搭建学习型支持网络。

（五）儿童社会工作的发展范式

社会工作从作为一门独立的专业学科发展到现在已经有了专业学科特色，儿童社会工作作为其中一个分支领域已经有了成熟的发展模式，包括专业化模式、本土化模式和项目化模式。

首先，是专业化发展的研究。一方面是专业化发展面临的困境研究，于勇和程玉华等人认为农村留守儿童专业社会工作发展面临以下四点困境：一是政府支持力度不够，行政化趋势明显；二是社会工作机构资金

---

① 岳颂华．农村留守儿童心理健康的维护——“内外兼修”的社会工作服务模式研究［J］．青少年学刊，2017（05）：35-39.

② 梁梦娜，梁美琛，陈欣燕．社会工作如何介入儿童性教育［J］．中国社会工作，2018（03）：12-13.

③ 金碧华，杨佳楠．自闭症儿童融合教育中社会工作介入研究［J］．前沿，2018（06）：90-95+123.

来源薄弱，造血能力弱；三是社会工作人才实务能力弱；四是社会工作人才认可度低，相关机制尚未健全。① 另一方面是专业化发展的可行性路径研究，孙艳艳以政府购买儿童社会工作服务为例，认为目前的服务推动了社会工作的专业发展。多数学者认为，儿童社会工作的专业发展离不开人才、政策和社会的支持，儿童社会工作在一个正向的社会环境中才能有较强的生命力。

其次，是本土化发展的研究。一是督导本土化研究，赵晴探讨了院舍社工模式下的孤残儿童社会工作的督导本土化实践，对行政性督导、支持性督导和教育性督导的具体内容进行了探析，认为社会工作督导的本土经验对提升社会工作服务质量和社会工作的本土发展具有重要意义。② 二是服务领域本土化研究，一方面是儿童福利机构领域，张靓从社会工作介入的必要性和重要影响两个维度来探究了社会工作介入儿童福利机构对儿童成长的影响。冯元和甘诺结合儿童福利服务实践，对我国社会工作本土化过程中“造血”“借血”和“引血”三种模式进行分析，认为儿童福利机构要注意吸收高校社工资源，推动儿童社会福利制度向适度普惠型转型。③ 另一方面是儿童临终关怀领域，季庆英和陆杨等人以上海儿童临终关怀实践项目为例，完整地介绍了儿童临终关怀社会工作实务的疾病管理、生理照顾、心理照顾、社会关怀、灵性关怀、实践活动关怀、死亡准备和哀伤辅导等九项内容，并系统地总结了中国本土化儿童临终关怀社会工作的服务模式。④ 三是服务模式本土化研究，温谋富在研究社会工作介入孤独症儿童家庭照顾者服务模式中提出，若在康复

---

① 于勇，程玉华，颜翠芳．农村留守儿童专业社会工作发展思路研究——以安徽省为例［J］．社会政策研究，2018（04）：41-54.

② 赵晴．孤残儿童社会工作中的督导本土化实践——以院舍社工服务为例［J］．社会工作，2013（03）：84-92+154.

③ 冯元，甘诺．社会福利服务中的社会工作嵌入及策略［J］．社会福利（理论版），2013（10）：9-12+51.

④ 季庆英，陆杨，李娅茜，等．中国本土化儿童临终关怀社会工作实务体系探索研究［J］．重庆工商大学学报（社会科学版），2017，34（03）：25-30.

机构提供本土化的社会工作服务，社会工作者需要处理好专业关系的建立以及机构的合作问题。

最后，是项目化发展的研究。主要包括项目成效分析和项目服务体系探析，目前的研究主要集中在以下几个方面：一是项目运作的反思性研究。费梅苹从项目服务的经验基础上，以上海儿童福利机构照料为例，反思了“政府—市场—社会”合作下的孤残儿童机构照料的经验与不足，提出要建立通力合作的制度体系，为孤残儿童的社会化提供系统的社会工作服务。二是项目前进的方向性研究。盛禾以“儿童友好型城市”建设项目为例，从社会工作参与项目建设的机遇与挑战、社会工作者的角色、社会工作参与项目建设的方向三个方面展开论述，并提出相应的建设意见，以期实现项目的常规化运作。三是项目管理的策略性研究。张智辉基于“儿童零星成长救助”实践项目，探讨了社会工作介入家庭内儿童虐待的个案管理模式，具体包括个案管理的需求评估、目标制定、干预策略和提供服务等几个方面。四是项目的规范性研究。荣增举以青海留守儿童服务示范项目为例，对政府购买社会工作项目实施成效进行的探析，从项目方案的设计、社会工作者素质、政府购买社会工作服务的政策和社工与基层联动这四个方面提出了相应的调整建议。①

（六）儿童社会工作的社会政策

我国儿童社会工作的发展得益于社会工作专业人才的发展、政府购买服务和社会组织的支持，关于儿童社会工作政策的研究也主要集中在这几个领域。

首先，是人才队伍建设研究。针对农村儿童社会工作人才力量薄弱的问题，有关学者从三个方面进行了讨论。一是高校科研机构专业人才的培养。多数学者认同高校应加大社会工作专业人才的培养力度，夯实

① 荣增举．政府购买社会工作服务项目实施成效的探析——以青海留守儿童服务示范项目为例［J］．社会工作与管理，2017，17（04）：21-27+100.

学科理论基础知识，增加实践机会，增强社会工作者的实务能力。二是社会工作机构的推动作用。社会工作机构应给高校毕业生提供相应的实习和就业机会，政府加大项目购买力度，以吸引人才和留住人才。此外，社工机构应发挥社工督导的作用，给予社工经验及专业技能方面的支持。三是相关单位人才的合理配备。民政部门的相关指导意见提出要推动未成年人保护机构、儿童福利机构、救助管理机构通过开发岗位设置，合理配备使用社会工作专业人才。

其次，是政府购买服务的研究。当前，在民政领域儿童工作中推行社会工作已经成为一大趋势，不仅助力民政领域儿童工作理念的提升，还能促进困境儿童的综合发展。因此，政府购买儿童社会工作服务也是一项重要举措。倪春霞认为，各个地区应根据当地的实际情况，灵活确定政府购买社会工作项目服务的方式，以社工带动民政，共同促进儿童服务能力的提升。孙艳艳的研究提出，政府应加大对社会服务的投入，加强对社会服务的管理和引导，在具体的监管体系中应出台相关服务质量的标准体系，以实现对社会工作项目的评估、监督。并培育社会评估力量，建立第三方评估机制。[①] 陈国梅的研究则提出应倡导儿童社会工作全国示范项目的建设，并完善相应的制度管理体系，推动示范项目的发展。

最后，是社会组织的研究。随着社会工作在中国的兴起和发展，社会工作也越来越被大众和一些社会组织和事业单位认可和接受，社会工作也介入了相关社会组织的服务。如儿童福利机构，有研究发现社会工作介入儿童福利机构具有服务拓展的功能，它可以摆脱传统的服务模式，转而从服务对象出发，挖掘其潜能。张柳清和成海军的研究认为，各类儿童福利机构所处的地理位置、制约因素各有差异，社会工作在其中的功能和作用也各不相同，需要扩宽儿童社会工作从业人员的学习渠道，

① 孙艳艳．政府购买孤残儿童社会工作服务的成效分析与优化策略［J］．南通大学学报（社会科学版），2016，32（01）：148-154.

增进其人员结构的多样性。因此，建议机构的组成人员要朝着多元化发展。[1] 也有学者对司法社会工作介入儿童收养过程进行研究，认为司法社会工作的人性化服务有利于收养过程中儿童利益最大化原则的真正落实。

（七）儿童社会工作的经验引介

目前关于域外儿童社会工作的研究还尚未形成一个系统的议题，而主要是论证了其经验对于我国儿童社会工作发展的可行性，研究领域主要有西方部分发达国家和中国香港地区。一方面，关于西方发达国家经验的研究，刘玉兰和彭华民的研究发现西方福利国家的儿童保护社会工作的研究对我国构建适度普惠型的儿童福利政策与实践提供了知识和实践基础，提出我国应扩大儿童福利对象和拓展儿童福利内容、着眼于儿童的需要建立综合性的儿童保护制度模式以及构建以社会工作专业为核心的服务体系。[2] 柴定红的研究发现美国的社会工作被定位为实用性较强的社会科学和具有较高专业水平的服务性专业，专业人士在发展中起到主导作用，并且专业化的持续基础较好。另一方面，关于中国香港地区经验的研究，吴亦明的研究指出为家庭和儿童提供社会服务是香港一项重要的社会工作，香港还明确规定了家庭和儿童社会工作目标：维系和巩固家庭，促进家人互相关怀，预防和解决个人及家庭问题；保障儿童权利及培养儿童成才。[3] 除此之外，香港还制定了系统完善的儿童保护制度，为各类儿童提供住宿、寄养和入学等服务，最大化地使儿童免受生存问题上的伤害。可见，香港对儿童生理和心理上的服务值得内地参考和学习。

---

① 张柳清，成海军．社会工作在儿童福利机构中的功能和作用研究［J］．首都师范大学学报（社会科学版），2012（04）：114-119.

② 刘玉兰，彭华民．西方儿童保护社会工作的理论转型与实践重构［J］．社会科学文摘，2017（06）：67-69.

③ 吴亦明．香港的社会工作及其运行机制［J］．社会学研究，2002（01）：69-80.

(八) 儿童社会工作的本土实践

首先，是华北地区的实践研究。总体来看，华北地区儿童社会工作的发展特点是高校参与、机构项目实施以及政府推动。同时，在社会工作、机构和服务对象三方面也面临着一定的困境，为此，该地区的研究主要集中于在实践服务的基础上来探讨儿童社会工作的发展路径。许莉娅以北京市流浪儿童与青少年犯罪预防为例，提出应在预防工作中融入社会工作元素，利用社会工作的资源整合功能、服务模式、增权理念和助人程序来改进现有机制。[①] 梁旭也根据沈阳市流动儿童的城市适应问题提出相应的社会工作干预策略。刘欣欣立足于青岛市儿童福利院的困境儿童，分析了困境儿童的特殊性和生存现状，探讨了困境儿童社会工作的着眼点。

其次，是华中地区的实践研究。华中地区基于高校较多的优势，对于儿童社会工作的研究主要集中于实践服务研究，且服务模式较多为个案研究。服务人群主要是农村留守儿童，并紧跟时代发展的步伐，以国家的大政方针为指导。例如龚子芳和朱聪等人以社会治理精细化为背景，探讨了农村留守儿童社会工作的介入路径。也有学者突破以往的研究领域，尝试研究社会工作对少数困境人士的介入，例如万江红和彭丽珊研究了母亲离家出走家庭的儿童自我接纳问题，以武汉市湖街留守儿童为例进行了行动研究，并以个案社会工作的模式来提供服务。

再次，是华东地区的实践研究。华东地区由于其优越的经济水平和地理位置，与其他地区相比，儿童社会工作的研究质量较高，领域多样，内容深入。该地区的研究主要基于社会工作机构的实践服务以及相关高校的研究课题，研究领域主要有儿童社会工作人才发展的政策研究、医务儿童社会工作的研究、儿童福利机构有关儿童权益保障的研究以及社

---

① 许莉娅．偏差行为青少年犯罪预防的社会工作介入——以北京市流浪儿童与社区青少年犯罪预防为例［J］．中国青年政治学院学报，2011，30（03）：124-128.

会工作介入儿童医院志愿者队伍建设的研究。例如钮骏和谢一的研究提到医务社会工作者参与爱心志愿者服务管理中，通过对不同群体的资源分析和利用，使各方资源能在志愿者服务中发挥最大成效，并能促进志愿服务的专业化、促进志愿者增能以及患儿的社会化。[①] 也有学者对安徽省《关于在农村留守儿童保护中发挥社会工作专业人才作用的实施意见》进行了详细的解读。可见，华东地区的儿童社会工作研究偏向于宏观层面，在微观层面的研究相对较少。

最后，是西北地区的实践研究。该地区的研究领域主要是民族社会工作，如新疆少数民族地区的研究和宁夏回族地区的研究，研究呈现出本土化的特点，但是社工人才、专业性和资源利用方面与中东地区相比较为欠缺。叶词润和王丽莎的研究谈到要总结社会工作发展模式的变迁，将前人经验与本地经验相结合，试图探讨出符合地区发展状况，满足少数流动儿童需求的社会工作服务新路径。[②] 梁玉玲则研究了儿童福利机构社会工作服务的“六段式”流程，分别为入院登记、服务需求评估、制订安置服务计划、安置服务计划实施、安置服务跟踪反馈和服务结案归档。总体来看，西北地区的研究融合了当地的情况和地域特色，由于环境和资源的限制，儿童社会工作的发展还相对落后，但相信今后的研究会得到一定程度的提升。

二、中国特色儿童社会工作研究的本土反思

自21世纪以来，我国儿童社会工作研究的历史虽然不长，但也取得了相对丰硕的研究成果。具体来说有以下四个成果：一是研究成果不断

---

① 钮骏，谢一．社会工作介入志愿服务资源整合的实践探索——以上海市儿童医院阳光爱心志愿者服务队为例［J］．中国社会工作，2017（18）：57-61.

② 叶词润，王丽莎．新疆少数民族流动儿童社会工作服务路径及对策研究［J］．新疆教育学院学报，2017，33（03）：25-30.

增多。1993年我国有了第一篇关于儿童社会工作的文献，到2018年12月有了337篇论文在期刊发表，硕士文章有418篇。可见儿童领域在社会工作开始本土化研究以来一直持续受到关注，具有较高的学术研究价值。二是研究领域不断深入。从一开始单一的流浪儿童救助研究到流动儿童社会工作研究，再到农村留守儿童以及各个领域的特殊困境儿童社会工作的研究，从生理层面的服务到心理层面的服务，再到发展层面的服务，体现了儿童社会工作服务领域的多元以及从救助性服务到发展性服务的转变。三是研究队伍不断壮大，学术影响力不断增强。自2009年以来，儿童社会工作的研究队伍不仅包括社会工作专业的学者，更是吸引了社会工作专业的学生、教育工作者、医务工作者以及社会一线工作者的加入。学术研究的影响力也不断加强，许多论文的被引用次数都达到二位数以上，刘玉兰和彭华民的《儿童抗逆力：一项关于流动儿童社会工作实务》一文已经被引用123次。四是研究范式不断深入。

站在新世纪，儿童作为国家重要的教育和发展对象，也作为社会工作的重要研究领域，受到教育部门和民政部的重要关注。目前的研究虽然取得了可喜的成就，但儿童社会工作的研究也存在以下不足：

一是研究质量不高。在CNKI数据库中虽然有较多儿童社会工作的文献，但超过二分之一的是学位论文，在核心期刊发表的文章也仅有二十来篇。此外，研究内容也有一定的局限性，目前儿童社会工作的研究和服务较多倾向于“问题化”，服务大多聚焦于儿童的个体化问题，对其微观系统过多关注而忽视了宏观系统的分析。

二是核心能力不够。社会工作作为一门实践性较强的学科，儿童社会工作研究不仅要探索理论知识和实践服务模式，更要总结一套系统的研究方法。目前儿童领域的社会工作研究还存在一些不足：一方面是儿童社会工作研究的人才力量不够，21世纪以来，社会工作专业的人才数量逐年在增多，但是从事社会工作行业的人才却相对较少，投入研究的人员更为欠缺。另一方面是研究领域零散，缺少对某一类儿童系统性的研究，也缺乏对研究经验的提炼。

三是本土研究体系不完善。目前儿童社会工作的研究主要依托社工机构的服务项目，并没有相应的制度体系来推动儿童社会工作的研究。此外，儿童社会工作服务经验研究和理论研究出现了极大的不平衡，大部分的研究都是对服务经验的研究，理论性的研究较为稀少。因此，儿童社会工作的研究体现出“经验先行，理论滞后”的趋势。

四是学科话语体系不强。2016 年国务院颁发的《关于加强困境儿童保障工作的意见》明确了困境儿童的保障机制，社会工作作为一项助人的专业，应该在学科建设中发挥重要作用，形成具有中国特色的儿童社会工作发展体系，但儿童社会工作发展至今还存在一些问题。一方面是专业方向性不明确，儿童社会工作在社会工作领域没有形成一个独立的方向，师资及科研力量较为薄弱，学科建设及人才培养面临较大阻力。另一方面是社会工作在注重服务的同时没有提炼经验，缺乏对儿童社会工作发展模式的总结，研究的理论基础较薄弱，研究领域范围较零散，没有体现学科专业性。

三、中国特色儿童社会工作研究的趋势展望

近年来，国家高度关注儿童的健康和社会保障问题，民政部联合十部门发文，要进一步健全农村儿童和困境儿童关爱服务体系。社会工作作为促进儿童身心健康发展的重要力量，理应在实务和研究领域提升水平，促进儿童社会工作的体系建设。因此，儿童社会工作研究也应跟随时代步伐，在不同的领域有新的突破。

一是采取综合的研究方法，提高研究质量。儿童社会工作的发展既要注重实践服务，也要开展理论研究与经验总结，使理论与实践发展趋同。首先，扩大研究队伍，鼓励社会工作领域的教师与学生申报课题，参与儿童项目研究。加强实务领域的工作者及机构之间的沟通协调，机

构为实务研究提供支持，使工作者投入研究。其次，加强实证研究，儿童社会工作的研究不仅需要经验性的研究，还需要行动研究和数据调查分析，联动社区、学校和政府，全面收集困境儿童的信息，必要时利用社会统计学的知识加以辅助分析。再次，在注重个案研究的同时加强群体性研究，采取比较性的研究视角，对不同领域的儿童社会工作的服务模式、服务理念及服务方法进行归纳总结，提炼出彼此相似及值得借鉴的地方。最后，拓展研究视角，适当减少传统的儿童“问题化”视角的研究，增加优势视角的研究，把儿童放在一个正常的、积极的社会环境中去研究。

二是借鉴国外服务经验，提炼本土服务模式。西方福利国家一直在坚持探索儿童的福利保护制度，其在保护主体、保护内容、保护模式和保护政策等为我国的儿童社会工作服务的发展提供了方向。首先是扩大儿童服务的主体。当下的儿童社会工作研究和服务都是针对困境儿童，而缺乏对正常儿童的关注，殊不知正常儿童也会随着社会的发展而沦为困境儿童，社会工作的服务能在一定程度上增强他们应对风险的能力。其次是深化服务的内容。不仅局限于对儿童本人提供服务，还可以拓展到其家人、同伴，介入其生态系统，加强早期干预，间接为儿童提供服务。再次是完善“社工+督导模式”。建立社工与督导之间的信息交流平台，充分发挥督导的教育和支持功能，督导参与实践、评估、计划和审查过程，以确保社工服务在最大限度上满足儿童的需要。最后是社工参与儿童制度的制定，社工在实践服务的过程中，多方面、多维度地精准评估儿童的需求，发挥着专业优势，增强在儿童保护政策制定中的话语权。

三是打造服务核心能力，助力科学研究。儿童社会工作研究离不开实践服务的发展，提升儿童社会工作服务的核心能力，需要在以下几个方面加以改进：首先是提升儿童社会工作者的专业能力，相关学校和机构加大教育培养力度，夯实儿童社会工作者的知识、价值和技术基础，全面提高综合能力，建立一支庞大的社会工作人才队伍。其次是建立规范的制度体系，由专门的部门来对社会工作进行人力资源管理和社会工作项目开发，形成统一的评定和审核机制。最后是加大宣传力度，提高对儿童社会工作者的接纳和认可，为儿童社会工作者营造一个轻松和谐的发展环境。

四是促进不同学科整合，形成特色学科体系。儿童作为社会学、心理学、教育学等学科的研究对象，儿童社会工作应借鉴其他学科的研究方法和理念，并整合自身学科的专业优势，激发儿童社会工作的活力和创造力，增强儿童社会工作的话语权。首先是加强心理学分析，包括心理学上的归因和心理学的治疗模式，形成完善的综合的心理学和社会工作学的归因和治疗体系。其次是强化理论分析，研究儿童行为背后的社会学理论和心理学理论，对其行为进行合理的解释，并因此制订出精准的服务方案。最后是建立起多学科的联动机制，科学有效整合资本，弥补单一学科的不足，为进一步解决儿童问题提供科学的理论支持、技术支撑和政策倡导。

第二章　成长与创新：新世纪我国青少年社会工作研究

青少年是国家的希望和民族的未来，青少年社会服务更是国家和社会的重要战略。自中共中央、国务院印发了《中长期青年发展规划（2016—2025年）》（以下简称《规划》）以来，青少年工作得到空前重视。自社会工作专业恢复重建以来，青少年社会工作一直作为一个很重要的服务领域，在服务实践、社会政策以及理论研究方面都取得了丰硕成果。站在新时代，青少年社会工作服务需要积极反思已有实践经验，分析研究的经验与不足，把握未来发展的方向，不断丰富和发展专业知识和学科体系，构建具有中国特色的青少年社会工作理论体系。

一、中国特色青少年社会工作研究核心议题

一方面，目前青少年社会工作的相关专业教材和学术专著的数量不多，且主要表现为构建基本框架的专业教材以及重在案例分析的学术专著；另一方面，目前CNKI收录的青少年社会工作的硕士学位论文主要以实务性探索为主，且具有代表性的高质量论文很多都以期刊学术论文的方式得以发表。因此，对于中国特色青少年社会工作研究的核心议题回顾和本土研究反思主要基于CNKI中发表的相关学术论文的分析和讨论。

（一）青少年社会工作的价值伦理

价值伦理始终是社会工作中的一大重要议题，近些年来有关价值伦

理的讨论与研究更是日渐丰富。在青少年社会工作服务的过程中，也面临着诸多的伦理议题、伦理困境以及伦理抉择，这些都在相关研究中有所反映，具体表现如下：

首先，是伦理议题的研究。伦理议题研究是指关于青少年社会工作在服务过程中所遇到的伦理困境及其冲突的研究。一方面，罗肖泉认为青少年社会工作过程中的伦理议题表现为：一是青少年自身的伦理议题，包括案主自决与社会控制的冲突、平等尊重与父权主义的冲突；二是青少年家长层面的伦理议题，包括专业自主与家长权威的冲突、隐私权与监护权的冲突、案主利益与案家利益层面的冲突、青少年权利和父母权利的冲突；三是社会层面的伦理议题，包括多元角色、多元期待、多元价值、传统观念和现行体制五个方面[①]。另一方面，有学者从青少年、工作机构和社会三者关系的视角出发，认为青少年社会工作中的伦理议题包括案主自觉与“家长主义”之间的冲突、案主利益与社会组织利益的平衡、专业关系与双重关系的选择三个方面。

其次，是伦理守则的研究。伦理守则研究是指关于青少年社会工作的核心价值理念及其伦理操作守则方面的研究。虽然大部分研究都赞同青少年社会工作应坚持一些共同的伦理守则，包括保护原则、权利原则、主体性原则、发展性原则和关爱原则等。但是，在案主自决这一操作守则的研究方面，不同学者观点有所不同：有学者主张对青少年案主自决进行一定的限制，也有学者建议给予青少年完全自决的权利；有学者认为青少年身心发展并不成熟，需要其监护人代替其作决定，而肖方栋认为青少年实现自决权利不应受到年龄的限制和制约[②]。王思斌教授则认为只要青少年有自决意志和能力并且其自决的方向和后果对自己和他人无

① 罗肖泉．青少年社会工作伦理议题［J］．社会工作，2007（01）：15-19.

② 肖方栋．学校社会工作实务中的伦理困境浅析［J］．南方论刊，2013（09）：54-56.

害，其自决的权利就应受到充分尊重[①]。

最后，是伦理反思的研究。在众多伦理困境及伦理抉择过程中，许多学者对青少年社会工作的伦理问题进行了多面向的反思。江娅认为，伦理价值冲突的本质是对好的生活方式理解不同、文化和宗教观念的差异与对公共资源的分配[②]。有学者则认为，青少年社会工作伦理困境应该从社会工作者、受助者和社会组织三者有效互动中寻找出路。沈黎等则充分论述了社会工作服务中所面临双重关系的含义、分类、意义和处置方法，并基于上海青少年社会工作的实践分析了保密与否、案主自决、利益冲突、专业界限、公平分配、价值冲突和同事关系的伦理困境及其出路[③]。

（二）青少年社会工作的理论视角

青少年社会工作是一门专业和科学，具有其自身的学科和理论基础。这在青少年社会工作实践与研究的初始就体现出来，发展至今已经形成了相应的心理学、社会学和社会工作的理论基础，但未来仍然有较大的发展空间。

首先，是心理学层面的理论。青少年社会工作一直致力于借鉴和发展传统心理学关于青少年的理论解释，具体包括社会学习理论、自我理论、抗逆力理论和叙事研究理论等。王佳等从班杜拉社会学习理论中的交互决定理论、观察学习理论、自我调节理论和自我效能理论中吸取营养，认为对“网瘾”青少年开展社会工作服务要充分发挥榜样示范、个体认知和社会环境的作用[④]。朱诗敏探讨自我理论及其在青少年社会工作

① 王思斌：社会工作概论［M］．北京：高等教育出版社，2006.

② 江娅．社会工作中的伦理困境和价值冲突［J］．中国青年政治学院学报，2007（01）：124-129.

③ 沈黎．本土社会工作实务的伦理困境与伦理抉择——基于上海青少年社会工作实践的质性研究［J］．社会工作，2012（02）：25-30.

④ 王佳，权佩佩．班杜拉社会学习理论在青少年社会工作中的应用——以“网瘾”青少年治疗为例［J］．延安职业技术学院学报，2013，27（06）：13-15.

领域的运用，具体论述了可能自我的概念、作用、适用性、应用方案以及明确的操作框架[①]。杜经国从抗逆力理论出发创新了青少年社会工作服务的操作原则、服务原则以及测量评估，并强调中国传统文化在服务中的重要意义[②]。张亚兰等具体检视了流动青少年在家庭、社区及社会层面的逆境因素，并阐释了青少年社会工作服务中抗逆力测量的详细方法和步骤[③]。权福军则在社会工作理论本土化视角下分析了叙事研究理论在青少年社会工作中的具体运用和重构，包括需求评估、能力重构、影响因素分析以及服务介入等[④]。

其次，是社会学层面的理论。社会学理论视角在青少年社会工作研究中得到较为广泛的运用，主要包括戏剧理论、社会质量理论、现代化理论、社会互动论和结构化理论。其中，谭祖雪等在戏剧理论与青少年社会工作实务相互关系分析的基础上，探讨了从戏剧理论出发创新青少年社会工作的专业理念、方法及技巧，并通过“小童大义”项目演绎了戏剧理论运用的逻辑框架和操作过程。张佳华从社会质量的社会经济保障、社会融合、社会包容和社会赋权四个维度出发，打通了青少年服务与中观、外部、宏观社会环境之间的互动分析体系，并为青少年社会工作与社会政策研究提供了一个宏观的理论框架[⑤]。范时杰从现代化视角出发，提出了当前青少年社会工作应该坚持“造血优于输血”“越轨不全是问题”“家庭胜于学校”和“推拉不如想要”四个基本理念，并演绎了

---

① 朱诗敏．可能自我理论及其在青少年社会工作中的运用［J］．社会工作与管理，2015，15（03）：12-16+87.

② 杜经国．青少年抗逆力社会工作的社会学分析［J］．青少年学刊，2018（03）：4-8+15.

③ 张亚兰，刘建娥．抗逆力视角下流动青少年社会工作实务介入案例研究——基于云南省 HIH 民办社工机构社区服务实践［J］．云南大学学报（社会科学版），2015，14（03）：84-90.

④ 权福军．叙事研究与青少年社会工作理论本土化建构［J］．中国青年社会科学，2017，36（05）：20-26.

⑤ 张佳华．社会质量理论：青少年社会工作与社会政策研究的新视角［J］．青年学报，2014（01）：52-56.

具体的服务实践。费梅苹在社会互动理论与青少年社区矫正社会工作互利性分析基础上，具体论述了意义建构、自我认定、角色创造和重整行动等概念在青少年社区矫正社会工作服务中的理论价值、服务指引与具体运用①。褚好等从结构化理论出发，分析了青少年偏差行为的宏观结构性因素、中观系统性因素和微观个体性因素，并提出了青少年社会工作介入的策略应该包括完善政策法规、构建社会支持、修复中观系统以及选择精准介入方法等。

最后，是社会工作学层面的理论。一方面，青少年社会工作充分运用和发展了优势视角理论，并主要集中于社区矫正、网络成瘾、偏差行为以及发展性服务等面向。董明伟从优势视角出发探讨了青少年社区矫正的内涵和基本理念，并强调要从发现优势、发挥优势和发展优势三个层面开展具体的介入服务②。刘斌志则从优势视角出发提出了面向网络成瘾青少年的社会工作服务要坚持从叙事中建立专业关系、共同评估优势资源与制定目标、互为主体的行动以及共同评估成效四步策略。陆士桢等则探讨了优势视角在青少年成效小组中的运用，强调青少年社会工作服务要坚持尊重青少年、挖掘青少年自身优势、激发青少年自主和自发能力以及建立良好社会关系等四个原则③。刘伟则充分强调了优势视角中赋权、抗逆力和自我效能感对于偏差行为青少年服务的重要性，并对青少年社会工作的具体个案、小组和社区服务进行了审视和重构。另一方面，生态系统理论作为社会工作的基本分析框架，对青少年社会工作研究也有较多的启发。刘斌志论述了青少年自杀未遂的微观、中观、外部以及宏观影响因素，并从生态系统框架构建了社会工作介入自杀未遂青

---

① 费梅苹．社会互动理论视角下青少年社区矫正社会工作服务研究［J］．青少年犯罪问题，2009（03）：4-8.

② 董明伟．优势视角下的社会工作介入青少年社区矫正初探［J］．山东省青年管理干部学院学报，2008（05）：32-35.

③ 陆士桢，徐选国．优势为本的理论价值在青少年成长小组工作中的运用策略初探［J］．浙江青年专修学院学报，2010，28（04）：21-25.

少年的基本原则、框架体系、方式方法和具体模式[①]。也有学者从生态系统理论的角度分析了青少年社会工作介入网络成瘾、困境青少年等议题的基本理念、分析框架及其介入策略。

（三）青少年社会工作的方法技术

面向青少年这一充满生机的群体，社会工作服务在微观的个人及家庭服务、中观的小组和群体服务、宏观的社区以及政策服务中拓展了多元化的服务方法与技术，并在相应研究中得到验证和示范推广，具体包括：

首先，是微观层面的方法技术研究，主要包括寻解治疗、叙事家庭疗法、萨提亚家庭治疗模式、结构家庭疗法和理性情绪疗法等方面的探讨。丘旻臻在对青少年社会工作与寻解治疗契合度分析的基础上，以一个具体案例分析了青少年社会工作服务中寻解治疗的五个治疗阶段及其技巧[②]。卫小将等基于叙事治疗的理论分析，具体论述了青少年社会工作服务中叙事疗法的外化当事人所面对的问题、发掘独特结果和重新编写故事、巩固新故事三个步骤的操作技术[③]。有学者以具体的个案为例，详细分析了萨提亚治疗模式在青少年社会工作中具体运用的评估、设立目标、选择治疗技术和反馈等步骤及技术。陈相云也以个案分析为基础，详细论述了青少年社会工作服务中理性情绪疗法的具体模式的方法技术[④]。还有学者对青少年社会工作服务中运用家庭结构治疗模式进行了具

① 刘斌志．自杀未遂青少年的社会工作介入：基于生态系统理论的分析［J］．青年探索，2009（06）：61-66.

② 丘旻臻．寻解治疗在青少年社会工作中的运用［J］．青少年研究与实践，2018，33（02）：58-64.

③ 卫小将，何芸．“叙事治疗”在青少年社会工作中的应用［J］．华东理工大学学报（社会科学版），2008（02）：29-32+57.

④ 陈相云．理性情绪疗法视角下社会工作介入青少年吸毒矫正——基于广州市D戒毒所的实务研究［J］．青少年学刊，2016（04）：39-42.

体的实例研究。

其次，是中观层面的方法技术研究，主要包括同伴教育、成长小组、情境分析和小组游戏治疗等方面的探索。不同学者基于对同伴教育理论与实践的阐述，认为青少年社会工作者在开展同伴教育过程中主要承担选拔同伴教育者、联合同伴教育者设计活动、培训同伴教育者、鼓励与协助同伴教育者四个角色并开展相应的服务。徐选国等在论述成长小组对青少年社会工作必要性和优势性的基础上，着手开发了一套青少年成长小组的实践模式和策略①。卫小将等则基于场域分析剖析了青少年社会工作服务中涉及的个体、环境以及互动三个要素，阐述了社会工作者对青少年早年“类似情境”进行回溯分析的思路和策略②。施超的研究强调了小组游戏中角色扮演和体验学习的治疗价值，并构建了其具体运用的四项基本理念及设计技巧。

最后，是宏观层面的方法技术研究，主要包括时间银行模式、过渡仪式、正面文化工作坊模式和嘻哈疗法等方面的研究。程梦怡从理论基础和实践优势两方面探讨了“时间银行”在青少年社会工作中的优势，并分析了社会工作者对青少年服务时间存取进行管理的策略。付佳荣在对青少年成长中过渡仪式价值分析的基础上，通过一个简短案例分析探讨了通过过渡仪式厘清青少年的过渡脉络，促进青少年角色和位置的合理转化，赋予青少年生活事件正向的意义的具体策略和技术③。封冲的研究则在正面文化理论引导下，探讨富含正能量的文化工作坊在青少年社会工作中的运用策略，包括负责创造出安全、信任、积极、正面、愉悦的体验式和参与式环境，帮助案主建立自信、挖掘自身潜能和获得自我

① 徐选国，陈琼．社会工作成长小组模式建构——青少年社会工作实践的新领域［J］．社会工作（下半月），2010（07）：53-55.

② 卫小将，李建权．“情境”分析在青少年社会工作中的应用［J］．广西青年干部学院学报，2007（03）：12-14.

③ 付佳荣．过渡仪式在青少年社会工作中的介入研究［J］．齐齐哈尔大学学报（哲学社会科学版），2013（06）：31-33.

成长。吴世友等结合青少年文化生活的需要，通过嘻哈音乐形式创新青少年社会工作服务，从预估、破冰、定制小组契约、收集资料、准备阶段、建立目标、写日记、讨论、介入和总结回顾等十一个步骤详细论述了嘻哈疗法在青少年社会工作中的具体应用方法与技术[①]。

（四）青少年社会工作的发展范式

自社会工作恢复重建以来，不同阶段、不同区域、不同主体都在以多样性的方式推动青少年社会工作的发展，并形成了一些较为成熟的发展模式，集中表现为专业化、本土化、项目化和多元化等特征。

首先，是专业化发展的研究。青少年社会工作发展的专业化趋势不仅是对党和政府关于青少年工作要求的落实，更是满足青少年服务需求的迫切要求。这方面的研究主要围绕专业化的以下三个方面：一是关于何为专业化的研究。有学者认为专业化就是促进青少年社会工作者接受专业培训、经过专业认定、取得专业资格的过程；也有学者认为专业化本质上是提升青少年社会工作者专业能力的过程，不仅包括价值理念和知识基础的专业化，更包括方法技术以及服务实践的专业化。二是关于专业化发展阶段的研究。洪佩等的研究表明现有青少年社会工作服务虽然在接案、预估、计划、介入、评估以及结案阶段的水平和能力均有所提升，但依然处于专业化的初步阶段，需要不断提升专业化水平[②]。三是关于专业化发展反思的研究。洪佩进一步认为应从专业教育与培训、人才结构优化、培育机构自主能力三个方面提升青少年社会工作者专业化水平。也有学者强调青少年社会工作者“又红又专”的专业化发展方向，以社会主义核心价值观为指引促进青少年社会工作人才队伍建设。

---

① 吴世友，巫正洪．嘻哈治疗：高危青少年社会工作服务新模式［J］．中国社会工作，2009（08）：55-57.

② 洪佩，费梅苹．社区青少年社会工作专业化建设中的问题与反思——以上海市Z机构的个案服务为例［J］．社会工作，2014（04）：64-71+153-154.

其次，是本土化发展的研究。我国青少年社会工作的发展不仅有中国特色，还具有中国智慧，更体现了中国风格，形成了一系列本土特色的服务模式。一方面，徐圣敏的研究认为我国青少年社会工作的发展形成了三种较为成熟的模式：一是依托青少年社会工作站为运行主体的上海模式，主要以预防与减少青少年犯罪、青少年社区服务为特色；二是以“管运分离、项目开发”为特色的广州模式；三是主要以社会购买服务项目为主要特色的武汉模式。另一方面，也有学者认为上海、深圳的青少年社会工作在组织运作、体制管理、服务模式、服务内容、队伍建设等方面都进行了卓有成效的本土探索，构建了青少年社会工作的本土特色。林卡进一步从本土化与国际化的双重视角出发，认为青少年社会工作的本土化既要坚持科学化、学科化和专业化，更要坚持在地化、土生化以及特色化发展，保持科学性和有效性的平衡①。

再次，是项目化发展的研究。通过服务项目的开发设计、规范管理、评估跟进等来促进青少年社会工作服务的发展正变得越来越盛行，并形成相应的项目化发展模式。目前的研究主要集中于以下几方面：一是项目设计与管理的研究。黄丽华以具体的项目为例，构建了青少年社会工作服务项目管理的框架、体系、模式以及方法。二是项目具体运作的研究。孔香玲以“社区青年汇”为例，从项目管理与问题、服务项目运作、优势与限制分析、评估结论与建议四个方面阐释了青少年社会工作项目化运作的具体模式。三是项目实施的研究。虞果以苏州工业园区“护航青春”项目为例，通过实施条件、实施过程、实施结果和满意度等四个维度对青少年社会工作服务项目执行进行了过程考察，以此确定项目实施成效。四是项目评估与绩效考核的研究。韩央迪等人的研究认为现有青少年社会工作服务评估体系存在度量服务投入不准、量化取向缺乏人性化、实用主义逻辑降低社工成效感等问题，并提出了重构青少年社会

① 林卡，张育琴．青少年社会工作本土化与国际化问题的理论探索［J］．青年学报，2015（04）：42-46.

工作考核评估体系的策略①。

最后，是多元化发展的研究。根据青少年不同的年龄、性别、区域以及群体特征，社会工作需要提供更为丰富、具体而精准的服务，从而实现多元化发展。在研究领域，具体表现为：一是融合型发展模式研究。费梅苹的研究指出当前上海市青少年社会工作与其他系统与专业人士实现了较好的融合性发展，在服务目标上表现为促进“三失”社区青少年实现社会连接和社会融入，在服务原则上实现了“三社互动、三社融合”，在服务内容上实现了需求匹配与服务整合，在服务策略上实现了团队合作和专业分工②。二是嵌入型发展模式研究。王鑫等人的研究认为上海社区青少年社会工作通过参与政府购买社会服务项目的方式加强了政社合作、社社合作、纵横合作以及多维互动，最终实现了青少年社会工作服务的嵌入性发展③。三是双轨制发展模式研究。王瑞鸿的研究认为虽然政府推动了青少年社会工作的发展，但政府主导也阻碍了社会工作的专业自主性和可持续性，需要促进青少年社会工作的双轨建制，构建青少年社团主导下的政府、高校和社会多方合作发展模式和机制。

（五）青少年社会工作的实务领域

青少年社会工作实务领域作为当前研究的重点，相应的研究成果也非常丰富，不仅局限于社会工作专业服务，更包含了相关的青少年类服务。总体来看，青少年社会工作服务领域可以表现为救助性服务、预防性服务、治疗性服务和发展性服务四个方面：

首先，是救助性服务的研究，主要集中于儿童医院、农村留守儿童、

---

① 韩央迪，郑思佳．青少年社会工作服务的绩效考评：困境与选择［J］．复旦学报（社会科学版），2018，60（04）：176-188.

② 费梅苹．“融和型”社区青少年社会工作服务模式探究［J］．华东理工大学学报（社会科学版），2005（03）：41-44.

③ 王鑫，陈元元，刘鸿方．社会工作项目“嵌入式”运作研究——基于上海市社区青少年工作的经验［J］．青年学报，2014（04）：55-59.

灾区儿童青少年和单亲特困家庭等。马薇结合调查数据分析了社会工作在儿童医院开展服务的重要意义和价值，并具体分析了个案访谈、小组辅导等方式的运用。谢文媛在对留守儿童存在的隔代监护、社会关系、学业安全等问题剖析的基础上，论述了社会工作三大方法的运用，并建议加强相关的政策设计、队伍建设以及资源链接①。刘斌志在对地震灾后失依青少年哀伤经验及其影响因素分析的基础上，探讨了青少年哀伤反应的因应策略，并建议社会工作从个案辅导、小组工作、社区教育以及个案管理等方面开展专业服务②。高中建的研究则建构了社会工作介入单亲家庭青少年成长困境解决的模型及其实现路径③。

其次，是预防性服务的研究，主要包括自杀预防、偏差行为与犯罪预防、校园暴力预防和流动青少年预防等方面。针对大学生自杀问题，鲁可荣的研究提出通过学校社会工作整合社会、学校、家庭及个人系统，构建健全的大学生自杀干预的青少年社会工作服务机制。许莉娅的研究强调通过资源整合、增权赋能、模式创新和程序改进来促进我国青少年犯罪矫治社会工作的生态系统预防模式构建④。张燕婷的研究将社会工作的专业理念和方法引入校园暴力预防干预体系，整合学生、学校、家庭、社区等系统，构建学校社会工作视角下相互融合、多元整合的介入模式⑤。高万红的研究则针对城市流动青少年的需要，从优势视角出发，通过提升流动青少年的抗逆力，促进其正面成长和社会融入，从而降低青

---

① 谢文媛．浅析留守儿童的专业社会工作介入［J］．社会工作（下半月）（理论），2008（11）：56-59.

② 刘斌志．震后失依青少年哀伤经验的社会工作研究——基于汶川地震灾区的深入访谈［J］．社会工作，2013（01）：77-85+153-154.

③ 高中建，刘超，李冲．单亲家庭青少年成长困境的社会工作介入初探［J］．青年探索，2011（01）：65-69.

④ 许莉娅．偏差行为青少年犯罪预防的社会工作介入——以北京市流浪儿童与社区青少年犯罪预防为例［J］．中国青年政治学院学报，2011，30（03）：124-128.

⑤ 张燕婷，付佳荣．高校校园暴力的学校社会工作介入［J］．华东理工大学学报（社会科学版），2014，29（02）：40-46+100.

少年越轨风险①。

再次，是治疗性服务的研究，主要集中于社区矫正、犯罪矫正、偏差行为矫正和校园暴力矫正四大方面。范典的研究强调通过发现优势、发挥优势和发展优势来增强青少年矫正社会工作服务的成效。黄嘉慧的研究也指出犯罪青少年自身也有独特的潜能和优势，需要社会工作者积极发现和发展。刘庆的研究则强调对青少年的个案辅导、心理治疗以及行为矫正才是解决青少年偏差行为的根本途径②。而在青少年校园暴力矫正方面，已有研究多是从传统社会工作三大方法进行研究与矫正介入，并无观点和方法的创新。

最后，是发展性服务的研究，主要包括性教育、生命教育、思想教育和家庭教育等方面。在性教育方面，有研究探讨了社会工作介入学校性教育的必要性、可行性、性别敏感度以及具体策略。在生命教育方面，许莉娅的研究提出了生命教育与学校社会工作联姻进驻学校的模式，并具体阐述了个案工作、小组工作和社区工作介入的方法和策略③。在思想教育方面，主要研究集中于将社会工作的优势视角、生态系统观、整合干预模式以及社会宣传技术运用到大学生思想政治教育中。在家庭教育方面，丛金洲在青少年社会工作中引入家庭教育的诊断评估、方案设计、服务治疗以及评估追踪策略，发展了家庭社会工作教育的服务模式。

（六）青少年社会工作的社会政策

青少年社会工作的发展在很大程度上都要归功于我国青少年服务、社会工作人才队伍建设以及政府购买服务等相关社会政策的推动，具体

① 高万红．预防流动青少年犯罪的社会工作行动研究——以昆明 F 社区为例［J］．浙江工商大学学报，2015（04）：117-128.

② 刘庆．青少年偏差行为的社会工作介入［J］．山西青年管理干部学院学报，2007（03）：21-23.

③ 许莉娅．青少年生命教育与学校社会工作［J］．中国青年政治学院学报，2007（05）：7-11.

来说包括：

首先，是教育教学和学科研究。伴随青少年社会工作服务的发展，相关学科体系不断建立健全，集中体现在学科体系建设、教学、督导和核心能力建设等方面。一是在学科体系方面，大部分研究认为我国青少年社会工作仍处于探索阶段。张佳华的研究则认为根据我国具体国情和本土特色，共青团事务就是具有中国特色的青少年社会工作，因此具有一定的学科基础和历史脉络，并在学科、实务和制度建设方面形成了独特的发展路径①。二是在教学研究方面，大部分研究认为我国青少年社会工作教学存在教学理念落后、教学方法陈旧、实务训练缺乏等问题。另外，也有研究提出了教育的二元化、两极化以及理论化的困境，并在此基础上提出了可能的解决之道。三是在社会工作督导方面，研究总体认为青少年社会工作督导体系不够健全、督导力量薄弱、督导成效不够明显等问题。四是在能力建设方面，已有研究主要仍在于就青少年的具体问题和需求提出具体干预策略，并没有针对青少年社会工作的能力尤其是核心能力进行总结和分析。

其次，是人才队伍建设研究。自2014年《关于加强青少年事务社会工作专业人才队伍建设的意见》颁布以来，相关研究不断丰富。任娟娟等的研究认为青少年社会工作人才队伍建设尚处于起步阶段，正面临着性别隔离、收入低下、专业与职业化水平有限、一线专职社工数量不多、发展性服务不足、职业认同度不高的困境②。张雪黎也认为我国青少年事务社会工作面临着人才队伍缺乏、专业水平不高以及职业归属感低的问题，并建议采取专业化、督导制等方式提升专业核心能力，多渠道、多

① 张佳华．青少年社会工作：学科、实务与制度建设［J］．青年学报，2015（04）：47-50.

② 任娟娟，褚宸舸，靳宇．青少年社会工作人才队伍状况研究——基于陕西省的调查［J］．社会福利（理论版），2016（04）：20-24+37.

系统促进队伍建设①。另外，孙光玲在对现状及问题分析基础上，建议从职前的社会工作专业教育和职后培训来建立少数民族地区青少年社会工作人才培养机制。

最后，是政府购买服务研究。2017 年 8 月，团中央联合民政部、财政部制定下发了《关于做好政府购买青少年社会工作服务的意见》，促进了相关政策实践、社会研究的发展。总体研究来看，多省市已经建立起了政府购买服务项目的基本服务框架，但在监管与评估方面还存在缺口。周晓耿研究指出当前广州市海珠区已形成了“政府主导推动，共青团组织管理，社工机构独立运作，社会多方支持，青少年广泛参与”的运作模式并且已取得初步成效，但也存在需求方缺陷、供给方缺陷以及第三方监管缺陷，并建议从需求方、供给方和监督方三方面入手促进政府购买青少年服务的规范化、常态化和可持续发展。也有学者指出要进一步健全完善青少年社会工作服务基本框架并积极引入第三方监管。

（七）青少年社会工作的域外经验

已有研究很少涉及国外青少年社会工作的研究，主要将域外经验研究作为小切入点研究论证，但关于国内港台地区的经验有所涉及。一方面，关于国外经验的研究。王玉香的研究发现西方青少年社会工作在产生、发展和专业化的过程中，逐渐由配合型服务发展成为独立的工作领域，由救助性服务发展成为发展性服务，给我国青少年社会工作的专业化和职业化带来诸多启示②。林文亿的研究发现美国学校社会工作在青少年服务中主要扮演了潜能挖掘、潜能激发以及潜能实现的功能，有利于

① 张雪黎．青少年事务社会工作专业人才队伍建设思考［J］．青年发展论坛，2017，27（01）：82-88.

② 王玉香．西方青少年社会工作的历史沿革研究［J］．中国青年研究，2012（02）：92-97.

青少年学生的全人、全程和全息发展[①]。田国秀的研究也聚焦于美国学校社会工作，着重论述了传统临床模式、社区学校模式、学校变迁模式、社会互动模式与广域临床模式等五大模式的具体含义及其在中国实施的可行性和操作考量[②]。另一方面，是关于中国港台地区经验的研究。庄晓芸在对香港青少年社会工作服务主体多元化、服务内容实用化和服务方法个性化经验总结的基础上，建议未来青少年社会工作的发展既要坚持青少年为本、政府主导，更要发挥社会工作者的主体性，积极调动民间力量的参与[③]。也有专家和学者从其他小的切入点探讨香港青少年社会工作的经验，从而为内地青少年社会工作的发展提供可行的经验，如雷杰对香港青年就业服务的模式进行探讨等。有研究发现，我国台湾地区青少年社会工作已经形成了制度化、专业化和体系化的特征，并建议大陆和台湾地区积极加强理论与教育层面的交流，促进社会工作者的专业认同、职业训练以及督导培训。

（八）青少年社会工作的本土实践

我国青少年社会工作的发展肇始于高校专业教育力量的推动，后来在政策推动下各地开展了多元化的探索，并根据各地区的经济社会发展水平而呈现出各具特色的态势。

首先，是华东地区的实践研究。由于社会工作的高等学府较多，华东地区的青少年社会工作研究更加注重科学化、专业化和规范化，实践方面多以项目化方式进行行动研究。费梅萍的研究发现上海青少年社会工作服务主要表现为专业方法的整合性、服务目标的发展性、服务领域和内容的

① 林文亿．美国学校社会工作发展及其对我国的启示［J］．青年探索，2009（01）：86-90.

② 田国秀．学校社会工作的模式变迁：美国的经验及启示［J］．首都师范大学学报（社会科学版），2014（06）：126-132.

③ 庄晓芸．香港青少年社会工作的经验及其启示［J］．云南财经大学学报（社会科学版），2009，24（02）：57-58.

拓展性以及本土实践下的理论性四个方面，并认为专业化发展受制于社会制度条件、服务对象需求、社会工作者系统三者的交互作用[①]。

其次，是华北地区的实践研究。总体来看，华北地区的青少年社会工作主要特点是政府推动与参与度高、社会机构不断升级、服务特色创新等，但也存在缺编制、缺人员、缺场地和缺经费等问题。有研究发现，北京市青少年社会工作发展主要依托团组织建立的社区青年汇开展活动，通过资源多方整合、跨专业团队合作以及社会资本服务等方式创新了青少年社会工作服务。田晶晶的研究认为当前内蒙古青少年社会工作发展主要呈现服务形式多元化、人才队伍专业化、服务主体多样化等特征。另外，张利萍基于济南地区的研究结果，认为我国民间社会工作服务机构普遍存在资金短缺、筹集低效、缺乏宣传以及体制依赖等问题，并提出了多元化、合作化以及国际化的发展策略。

再次，是东南地区的实践研究。总体来看，目前东南地区的青少年社会工作实践主要呈现出职业化与专业化齐头并进的特点，在人才队伍的建设上居于全国首位。张文的研究分析了当前深圳青少年社会工作的“社工+义工”服务体系，并建议加强对于青少年社会工作者的配备[②]。除了采取社工服务站开展青少年社会工作服务，还在青少年事务的各种事业单位中配备青少年社工。郭振宇的研究也认为珠海市积极转变了传统的青少年社会工作的不足，逐步拓展了社区青少年的生活空间，形成了家庭、社区专业社工、学校联动的青少年工作新格局。巨东红的研究分析了厦门青少年社会工作服务目前存在的主要问题是缺乏整体性、系统性、整合性和实用性的运行机制的支撑，并提出了相应的对策建议[③]。

---

① 费梅苹．上海青少年社会工作专业化发展的十年回顾与展望［J］．青年学报，2014（04）：34-40.

② 张文．深圳青少年社会工作探索与展望［J］．中国青年研究，2007（07）：45-48.

③ 巨东红．青少年社会工作发展现状、问题及其推进路径探析——基于厦门市的研究［J］．中国海洋大学学报（社会科学版），2016（01）：97-104.

再次，是华中地区的实践经验研究。诸多研究发现，当前华中地区的青少年社会工作也存在专业人才欠缺、专业能力缺乏、自身经验不足的问题，并提出促进专业之间、校园之间以及地区之间的合作模式。孔莉研究认为华中地区青少年社会工作者同样面临专业技巧不够熟练、督导缺乏所带来的服务风险，以及如何促进更加完善的服务测评体系在实际的操作中运用自如。而陈立新的研究发现湖南青少年社会工作虽然极大地促进了青少年的发展，但还存在需求缺口较大、政府推动不足、社会认同偏低等问题①。

最后，是西南和西北地区的实践经验研究。西南地区的青少年社会工作研究主要聚焦于人才队伍、社工机构、方法体系方面。比如，有研究认为成都市社会工作专业服务不仅缺乏供给侧的资金支持，还缺乏高层次的专业人才以及专业的服务项目。也有研究发现，西北地区的青少年社会工作存在专业学科基础薄弱、高层次人才匮乏、专业服务水平不高以及专业服务机构不足等问题，并提出了政府扶持、机构自主以及社会关心等促进策略②。

二、中国特色青少年社会工作研究本土反思

自 20 世纪末以来，我国青少年社会工作研究在专业化与本土化发展的道路上不断拓展和演进，取得了一系列成就：一是研究成果不断积累。2000 年以前，我国青少年社会工作的研究文献只有寥寥几篇，而到 2018 年已经达到 500 多篇，表现出了较强的学术发展态势，在核心期刊和 CSSCI 期刊发表的文献数量也不断增多，研究人员的地缘、业缘以及学缘

① 陈立新，颜敏，彭远春，等．湖南省青少年事务社会工作人才队伍建设调查［J］．中国青年研究，2015（06）：17-21.

② 荣增举，赵建虹，赵晓伟．青海青少年社会工作服务体系研究［J］．中国青年研究，2015（06）：22-27.

结构也不断得到优化，诸多心理学、教育学以及人类学学者也加入了青少年社会工作研究队伍。二是研究领域不断深化。近年来，青少年社会工作研究的主题不断从偏差性行为扩展到发展性行为，研究领域从行为问题扩展到心理问题、社会关系以及社会结构层面，研究群体从犯罪青少年扩展到一般青少年、文化叛逆青少年以及政治偏激青少年等，研究机构也不断由传统青年职业学院扩展到综合性大学的科研机构。三是研究范式不断丰富。当前青少年社会工作研究正在不断打破研究边界和藩篱，不断从实证研究范式向人文研究、建构主义范式转变，不断从社会工作学视野研究向民族学、社会学、人类学、新闻传播学以及教育学等多学科整合视野迈进，不断融合了大数据分析、网络调查分析、民族志研究以及模型分析的方法和技术。四是研究影响不断扩大。一方面，早期青少年社会工作的研究成果主要在期刊发表，而近年来越来越多的成果被报纸、图书和会议报道，尤其是各级报纸对于青少年社会工作服务的报道日渐增多，美誉度也不断提升；另一方面，也有越来越多的研究成果被纳入国家标准委员会制定的服务标准，或者被纳入各级党和政府决策咨询成果库，并被纳入共青团中央的发展战略，极大地促进了我国青少年工作的发展。

站在新时代，党和国家把青年发展摆在更加重要的战略位置进行整体思考、科学规划、全面推进。虽然已经取得了一定的成绩，但当前青少年社会工作的研究依然存在以下局限和不足：

首先，是研究成果质量不高。相比青少年研究的总体水平以及青少年社会学研究，当前青少年社会工作研究成果处于一个初步积累的水平。一是理论分析较多，核心概念不够规范，尚未形成研究的核心领域；二是思辨分析多，实证与经验研究少，尤其是缺乏研究数据的学术积累；三是服务方案设计多，行动研究少，导致相关服务的证据性不足，难以证明服务的成效性；四是服务项目及服务实践多，模式提炼与服务经验分析少，最终导致青少年社会工作服务和研究看似数量多，但质量有待提升。

其次，是研究体系范畴不清。相比国外青少年社会工作已经成为社会工作的一个重要领域，甚至是成为青少年研究的核心领域，我国青少年社会工作的研究既没有形成本土研究的体系，更未形成具有影响力的研究力量。总体来看，一是对国内各地经验的研究多，而对于国际青少年社会工作服务的经验引介和总结的经验较少，尚没有专门的研究专著或论文成果；二是对国内地方性青少年事务社会工作经验分享的多，但缺乏对于具有同质性问题、群体以及场域的服务经验的总结和提炼；三是对于青少年服务的个案研究的多，而对于青少年共性问题表征、成因及其对策的归纳和总结少；四是对于服务案例介绍的多，但缺乏对于相关服务领域和服务主题的归纳和集中。

再次，是核心能力不够明确。作为一个兼具理论研究与实务拓展双重属性的专业领域，青少年社会工作研究不仅要引领专业知识、学科建设以及理论积累，更要总结服务模式、发展服务能力、凝练服务标准、建设专业队伍。与此属性相比，当前青少年社会工作研究依然存在诸多局限。一是青少年社会工作者多，而具有行动研究能力的专业人员较少，导致服务实践难以与理论形成有效对话；二是青少年社会工作服务的志愿服务多，而在理论指导下开展的专业服务较少，对学科积累产生了诸多限制；三是服务内容过于广泛琐碎所带来的服务技术和能力过于碎片化，专业核心能力和核心竞争力体现较弱；四是虽然青少年社会工作的研究成果不少，但是专业的研究机构和研究平台不足，难以形成研究团队和力量。

最后，是学科话语体系滞后。按照《规划》的部署，我国青少年社会工作不仅要服务于青少年的多元需要，更需要促进自身专业和学科的发展，形成具有中国特色的青少年社会工作服务体系、制度体系和学科体系。与此相比，当前青少年社会工作研究在学科建设方面依然存在不足。一是对于青少年社会工作服务的经验分析和案例分析较多，但是对于青少年发展规律、青少年服务的模式、青少年社会工作的学科研究和理论分析不足，影响了青少年社会工作学科的可持续发展；二是相关研究成果的数量较多，但是成果质量及其影响力不高，难以支撑学科建设和人才培养的任务；三是青少年社会工作专业主要以专科学历和初级职称者为主，缺乏高水平的研究人员，学科研究梯队和团队有待加强；四是与社会学、思想政治教育等学科相比，青少年工作以及青少年社会工作专业地位还不高，学科话语权有待提升。

三、中国特色青少年社会工作研究趋势展望

2014 年，共青团中央、中央综治委预防青少年违法犯罪专项组等六部门以中青联发〔2014〕1 号印发《关于加强青少年事务社会工作专业人才队伍建设的意见》，系统规划了青少年社会工作的人才队伍、学科发展以及机构发展等议题，2017 年《规划》的颁布进一步提升了青少年社会工作发展的地位。站在新的历史起点，青少年社会工作研究也需要不断适应时代的新要求和新趋势，努力提升研究的水平和影响。

首先，要开展证据为本的行动研究，总结提炼本土服务模式。未来青少年社会工作的发展既需要基于青少年需要的服务实践，更需要在实践基础上进行理论分析、总结和提升，从而实现社会服务与理论研究的互促共进、良性发展。一是要加强青少年社会工作领域服务者、研究者以及管理者之间的沟通与合作，协助社会工作者参与行动研究，引导管理者开展政策分析，促进研究者参与服务实践，从而实现实践、理论与政策的协调发展。二是要在原有服务实践的基础上，积极引入证据为本的研究理念和模式，引导青少年服务项目设计符合专业、科学和规范的标准，促进服务的知识和理论积累。三是要充分重视我国共青团开展青少年服务的历史传统和宝贵经验，从中提炼和总结专业的理念、方法和技术，构建中国特色的共青团社会工作模式。四是要对国内不同区域的

青少年社会工作服务和研究模式进行分析、总结、提升并开展示范推广。

其次，要吸收国外青少年服务经验，形成本土研究框架体系。自工业革命以来，西方社会积累了丰富的开展青少年社会服务的经验、模式以及理论，并在学科交融和发展中得到很好的传承和创新。时至今日，西方发达国家的青少年社会工作研究已经形成了相应的学科体系和框架。我国未来青少年社会工作的研究既要立足本土，更要放眼世界，最终实现国际经验与本土国情的有机结合。一方面，要积极学习和引介国外青少年社会工作的服务和研究经验，不仅要积极翻译、引进国外青少年社会工作的经典教材、研究专著等成果，更要对国外成熟的青少年社会工作理论和模式进行有选择的学习和吸纳；另一方面，要在吸收国际青少年社会工作学科经验的基础上，结合我国青少年需要以及国家战略，建立本土青少年社会工作的服务框架和研究领域，并培养本土研究学者，建设本土研究平台和机构，形成本土青少年社会工作研究的学术共同体。

再次，要提升实践服务的核心能力，建设专业研究人才队伍。青少年社会工作的研究最终目的是提升青少年社会工作者的能力和水平，体现服务的核心竞争力。因此，未来青少年社会工作研究要面向宏大的人才队伍建设目标。一是要从学术上厘清青少年社会工作的核心能力要素、指标体系、具体内容及其评价标准，为相关的服务和研究工作提供指南。二是要整合多学科力量和视角，加强青少年社会工作人才培养、服务机构、研究平台以及政策保障体系的研究，通过研究力量的壮大来促进研究质量和水平的提升。三是要整合社会资源，促进青少年社会工作研究与决策咨询、社会服务以及人才培养的结合，通过资源整合、共享与流动来扩大研究成果的社会影响。四是要着力研究政府购买青少年服务、青少年社会工作人才队伍建设以及青少年社会福利服务体系建设等重大议题，促进青少年社会工作纳入党和政府重大决策和战略部署。

最后，要构建本土化学科话语体系，提升学科地位和话语权。作为综合教育学、心理学、社会学、思想政治教育以及文化学等诸多学科的交叉学科，青少年社会工作研究需要不断提升自身的本土化、专业化和学科化地位，强化社会工作研究促进青少年服务发展的功能和意义。一是要积极借鉴生理学、文化学以及人类学等诸多学科理论，更新青少年社会工作的理论体系。进入新世纪，网络社会、风险社会、智能社会以及虚拟社会的到来，给青少年及其发展带来了诸多新的挑战，也要求青少年社会工作研究不断拓宽理论视野和范式，响应时代挑战。二是不断总结本土青少年服务的经验，总结、归纳和提升我国本土青少年服务尤其是共青团开展青少年服务的历史经验和本土智慧，从而构建具有本土特色的青少年社会工作方法和技术体系。三是不断提升研究的决策咨询、建言献策以及社会倡导水平，促进研究的社会影响力，促进本土青少年社会工作服务体系的建立和健全。四是加强青少年发展的理论建设、研究阐发、科学普及、模式创新和示范推广，促进本土青少年社会工作话语体系建设。

第三章　抗逆与复原：新世纪我国残疾人社会工作研究

我国目前残疾人超过 8500 万，是一个为数众多、困难突出、需求特殊的困难群体。中国共产党的十八大以来，残疾人工作成为“五位一体”总体布局和“四个全面”战略布局的重要内容。关心、关爱残疾人，实现残疾人福祉，是社会各界的责任和义务。2010 年 3 月 10 日，国务院办公厅转发《关于加快推进残疾人社会保障体系和服务体系建设指导意见》（以下简称《意见》），残疾人社会保障体系和服务体系建设进入一个全新的阶段。开展残疾人社会工作是为残疾人提供帮助的有效介入手法，推动残疾人社会工作专业的发展是残疾人事业建设的重要内容。与日益增长、多元化的服务需求相比，我国残疾人社会工作仍有较大的发展空间，需要不断反思已有实践经验，分析研究中的优势与不足，探索顺应时代需要的发展方向，构建具有中国特色的理论体系，促进残疾人社会工作专业化。

一、中国特色残疾人社会工作研究的主要议题

（一）残疾人社会工作的价值伦理

价值伦理作为社会工作专业的灵魂，是残疾人社会工作研究的重要议题之一，具体包括伦理困境、价值观原则和伦理反思。

首先，是伦理困境的研究。伦理困境是指残疾人社会工作服务过程中由价值观和伦理观的多元性和复杂性及服务群体的特殊性和群体关系的复杂性引起的观念冲突。周沛认为残疾人社会工作具有伦理特征，具体包括服务对象上的伦理、服务内容上的伦理、专业伦理属性。[①] 毛新志等认为残疾人社会工作的伦理困境主要表现为：一是价值观念困境，包括个体型残疾观和社会型残疾观的抉择、自我价值观和社会价值观的取舍；二是原则困境，包括保密原则与无伤害原则和善行原则的冲突、知情同意原则与无伤害原则和公正原则的冲突；三是社会工作者的角色困境，包括雇员角色与服务者角色的冲突、同工角色与服务者角色的冲突。[②] 梁德友等通过国内外价值理念的比较研究发现，我国残疾人发展事业包含理念的伦理缺失、救助目的异化、手段污名化、残疾人社会救助内容缺乏伦理含量以及残疾人保障与福利服务存在道德风险在内的伦理瑕疵。

其次，是价值观原则的研究。刘斌志、李越认为社会包容、全人康复、优势为本是残疾人社会工作的核心价值，能更好地指导残疾人社会工作者的实践。[③] 梁德友等将人本化作为我国残疾人事业必要的价值取向，包括平等、尊重、理解、增能、参与、共享等理念。

最后，是伦理反思的研究。基于残疾人社会工作中存在的众多伦理困境及伦理抉择，许多学者就其存在的原因和未来的出路进行了多角度的反思。毛新志认为伦理困境产生的原因包括个体型残疾观和社会型残疾观存在冲突、非残疾人制定的伦理守则不适用实际操作、源自西方的残疾人社会工作与中国本土文化存在差异、残疾人社会工作者尚未形成

---

① 梁德友，周沛．中国特色残疾人事业发展的三个向度［J］．河南社会科学，2015，23（01）：70-75.

② 毛新志，李思雯．我国残疾人社会工作的伦理困境及其出路［J］．武汉理工大学学报（社会科学版），2014，27（05）：741-746.

③ 刘斌志，李越．我国残疾人社会工作核心能力的指标体系与培育策略［J］．中国社会工作，2019（31）：29-30.

职业道德和职业规范，并提出将优势视角作为理论支撑，促进社会对残疾人的主流观念的改变，并自下而上地建立伦理守则，建立社会道德共识，从理论和现实两个层面解决残疾人社会工作伦理困境问题的策略。梁德友等认为构建残疾人伦理关怀的长效机制，需要通过构建伦理制度、规范救助行为、增强“内源”发展、打造以尊严为目的的精神家园等方式。[①]

（二）残疾人社会工作的理论视角

社会工作是一门独立的专业科学，残疾人社会工作作为其重要领域，具有自身的学科和理论基础，也离不开对心理学、社会学、管理学等跨学科知识的借鉴和运用。

首先，是心理学层面的理论。心理学理论是残疾人社会工作借鉴的重要理论之一，主要包括抗逆力理论、污名理论、社会支持理论和多元智能理论。姚进忠等基于环境-个体的抗逆力模型，提出了构建抗逆力网络支持资源、培养残疾人社会工作人才、接纳残疾人多样性的干预策略。[②] 陈福侠等具体论述了残疾污名的形成模型、影响因素和功能，提出了污名的方式，归纳了国外的污名研究对我国特殊教育事业的启示。[③] 谭祖雪等以“一千零一夜城堡”项目的实践经验为基础，阐明了多元智能理论运用于青少年残疾人社会工作不仅能提供多元化的评估视角，还能够促进残障青少年的自我意识，提高他们的自我效能感。[④]

其次，是社会学层面的理论。社会学理论视角在残疾人社会工作中

---

① 毛新志，李思雯．我国残疾人社会工作的伦理困境及其出路［J］．武汉理工大学学报（社会科学版），2014，27（05）：741-746.

② 姚进忠，郭云云．社会工作视角下残疾人抗逆力生成研究——基于厦门市福乐家园的个案剖析［J］．北京工业大学学报（社会科学版），2013，13（05）：18-24.

③ 陈福侠，张福娟．国外残疾污名研究及对我国特殊教育的启示［J］．中国特殊教育，2010（05）：3-7.

④ 谭祖雪，薛德生．多元智能理论在残障青少年社会工作实务中的应用——以“一千零一夜城堡”项目为例［J］．延安职业技术学院学报，2019，33（05）：1-4.

得到较为广泛的应用，主要包括场域理论、马克思主义社会发展理论和社会化理论。易艳阳以场域理论为基础，揭示了我国助残社区组织的培育与运作具有“嵌入性”特征，并将我国社会组织“后发性”“外推性”的发展特征与助残社区组织呈现出制度、地理、文化、资源和需求的“嵌入偏差”现状相结合，提出了以“自主”“恰适”“整合”“协同”“精准”为特质的多维发展路径。[①] 吴娟等结合马克思主义社会发展理论，发现我国残疾人基本公共服务整体性与系统性的评价研究存在短板，并提出了残疾人基本公共服务应突出以残疾人为本、重视残疾人的服务需求，其评价方法与时代社会发展、我国社会特性相适应等建议。[②] 章程等从社会化角度出发，说明我国残疾人社会保障应重视残疾人广泛的社会化参与、强调责任主体的多元化、注重社会保障项目的专项性与法制化。[③]

最后，是社会工作层面的理论。社会工作理论是残疾人社会工作重要的理论基础，主要包括优势视角理论、需要理论、生活世界范式和生态系统理论。优势视角是主流社会工作理论模式和实践框架并在残疾人社会工作中得到广泛应用。蔡翩飞基于“优势视角”尝试从“稳固三角形”的建立、“政府购买服务”的实施、高校残疾人社会工作专业方法和基本内容构建高校残疾人社会工作实践模式。[④] 童星也强调残疾人社会政策的基点应包括：从“问题视角”转向“优势视角”；为残疾人“赋权”“增能”，从“生活救助”发展到“助其自立”。[⑤] 姚进忠等从需要理论出

① 易艳阳．场域嵌入：助残社区组织发展路径探析［J］．南京大学学报（哲学·人文科学·社会科学），2019，56（03）：71-79.

② 吴娟，郭喜．基于马克思主义社会发展理论的残疾人基本公共服务评价研究综述［J］．社会保障研究，2015（04）：105-112.

③ 章程，宋宝安．西方发达国家残疾人社会保障的成功经验对我国的启示［J］．东北亚论坛，2012，21（02）：89-95.

④ 蔡翩飞．高校残疾人社会工作实践模式的探索——基于优势视角［J］．当代青年研究，2014（06）：86-89.

⑤ 童星．残疾人社会政策的基点［J］．甘肃社会科学，2013（01）：24-27.

发，研究发现残疾人社会福利供给的三个环节存在生产环节脱离需要、组织环节效率低下和输送环节人性化不足的困境，并提出了立足于残疾人需要的整体性治理策略。[①] 焦若水在生活世界范式与社会工作本土化的关系分析中，强调了残疾人社会工作实务不应抽离服务对象所在的生活世界。[②] 谢建社等将生态系统理论与具体实践相结合，探索出了一条残疾人社会支持性系统就业的新道路，并提出推进社会工作职业化进程和提高社会对残疾人社会工作的认同的建议。[③]

此外，残疾人社会工作还涉及经济学、管理学层面的理论。陈功等立足于包容性发展视角，认为我国残疾人福利体系的建立与完善应采用生存性福利与发展性福利并重的双轨制方法，既要在社会保险、社会救助、福利津贴的制度设计中坚持普惠与特惠相结合的原则，以建立高效的社会安全网，还要注重健康、教育、就业、环境保障全覆盖，强调增强个体承担社会风险的能力。[④] 冯敏良等采借积极福利视角，从扩大残疾人的就业机会和范围、加大残疾人人力资源开发的力度、加快助残社会组织的培育三方面的政策实践入手，解决集中就业保护功能弱化和分散就业市场竞争加剧阻碍残疾人就业的问题。[⑤] 宋宝安认为，我国基层残联组织的发展面临诸多挑战，在社会治理框架下，基层残联组织应挖掘自身优势并加强自身组织建设，链接市场和社会机制拓展的服务资源，形成稳定的残疾人服务队伍，积极鼓励、扶持助残组织发育，充分发挥基

---

① 姚进忠，李建川．需要导向：残疾人社会福利供给困境与整体性治理研究［J］．华东理工大学学报（社会科学版），2018，33（05）：65-74+96.

② 焦若水．生活世界视角下社会工作本土化研究［J］．广西民族大学学报（哲学社会科学版），2018，40（02）：146-152

③ 谢建社，彭焕城．生态系统视野下的残疾人支持性就业探析——以广州S街道为例［J］．残疾人研究，2017（01）：61-67.

④ 陈功，江海霞．包容性发展视角下我国残疾人福利体系的完善［J］．西北大学学报（哲学社会科学版），2017，47（04）：79-85.

⑤ 冯敏良，高扬．积极福利视角下残疾人就业政策的转向探析［J］．残疾人研究，2017（02）：49-54.

层残联上传下达、统筹协调、外联内合的作用。[①]

(三) 残疾人社会工作的方法技术

为满足残疾人多元化的需求，残疾人社会工作介入残疾人服务时采用的是社会工作的三种基本方法。

首先，是个案工作。残疾人个案工作是社会工作者定位个体残疾人的问题与需求，并协调、链接和整合有效的资源为残疾人提供全方位服务，以满足不同残疾人异质化需要的精准化行动。有学者指出，残疾人社会工作中引入个案工作方法，需建立包含个案建档、分级对个案进行跟踪和采用调级制度的完整的体系。个案管理是残疾人个案工作的一种模式，其过程包括建立关系、预估、计划、资源链接及整合、监督实行及结案。在个案管理模式中，社工主要扮演服务提供者、倡导者、中介人、支持者、教育者等角色。李会等从出院计划的实践证明拥有“人在情境中”和“全人健康”的理论视角的社会工作者，是发挥个案管理在残疾人个案工作作用的有效推手。[②] 綦峥峥则指出深圳残疾人社会工作个案管理实践中社工的倡导者作用发挥不足的问题，总结出建立跨专业团队合作的本土化经验及资源链接和整合的工作方法，并指出个案管理的应用推广需要社工和政府共同作出努力。[③] 潘泽泉、黄业茂讨论了残疾人家庭个案社会工作本土化的理论视角、实践原则和干预策略，强调个案工作的本土化实践中要注重中国文化传统及家庭关系在解决案主问题和

① 宋宝安．社会治理视角下基层残联组织建设研究［J］．社会科学战线，2019（05）：230-236.

② 李会，高振林，兰敏灵．出院计划制订与执行中的个案管理服务法——以因工致残小K的出院回家之路为例［J］．中国社会工作，2019（21）：26-31.

③ 綦峥峥．个案管理模式在残障康复社会工作中的应用和反思［J］．中国社会工作，2016，（22）：32-33.

评估过程中的作用。①

其次，是小组工作。残疾人小组工作是以有共同遭遇的残疾人及其家人组成的有目标的小组为对象，通过组员间的互动和互相支持，增加自我效能感，增强社区和社会融入感的方法。小组工作具有增加残疾人自我流露的可能性、治疗费用更经济的优越性。汪亚平的调研结果证明了小组工作介入残疾人就业的有效性，提升了组员的劳动就业意识、自助能力、劳动技巧，改善了组员的就业状况，但在介入过程中存在欠缺正式支持系统的发展、缺乏生理康复的内容、没有政策支持的缺陷。② 有学者指出推进个案工作和小组工作在残疾人社会工作中的运用，应贯彻优势视角的工作理念、落实预防和康复相结合的工作内容、强调"人在情境中"的工作手段。

最后，是社区工作。残疾人社区工作是指专业社会机构及社工依托社区，运用社区工作的理论和方法，动员社区力量，开发社区资源，帮助残疾人解决问题和融入社会环境的工作方法。专业价值理念的融入、社区照顾的应用、残疾人小组工作的开展都是社会工作融入残疾人社区服务的体现。③ 包学雄等在民族地区残疾人社区工作实践中发现其处于基层服务"断层"、残联"缺位"、残疾人主体地位无保障的困境，推进民族地区残疾人社会工作专业化、职业化是重要的应对措施之一④。卓大宏等研究发现我国社区康复虽起步晚，但发展快，积累了因地制宜的工作模式等实践经验，同时面临着农村覆盖率低、保质不保量、服务内容局

① 潘泽泉，黄业茂．残疾人家庭个案社会工作：基于优势视角的干预策略与本土化实践［J］．湖南社会科学，2013（01）：93-96.

② 汪亚平．小组工作在残疾人劳动就业中的运用——基于广州市黄埔区 H 街道的社会工作实践［D］．桂林：广西师范大学，2016.

③ 秦琴，谢雨，彭皓．社会工作与残疾人社区服务思考［J］．残疾人研究，2013（01）：31-35.

④ 包学雄，王浪花．完善民族地区社区残疾人服务探析［J］．广西社会科学，2008（03）：175-179.

限性强、设施薄弱、方法体系不完善等挑战。① 徐帅则提出了扩大社区康复服务覆盖面、贯彻包容性发展理念、形成科学的评估体系、加大社区康复的循证研究等发展建议。② 个案工作、小组工作和社区工作均存在的优势与不足，将三种方法整合起来使用，才能达到功效最大化，满足残疾人的需要。

（四）残疾人社会工作的发展模式

在构建和谐社会的时代背景下，残疾人社会工作的发展已经成为趋势，主要体现在专业化、国际化和本土化的探索，并形成了一定的经验。

首先，是专业化发展模式。我国残疾人社会工作的发展处于起步阶段，其专业化仍需要多层次、全方位的努力。一方面，葛忠明认为专业主义倾向是残疾人公共服务专业化的一个潜在问题，因此，“外包制”模型中的政府在选择合适的合作伙伴（社会组织）时，需要设计“非营利”等能使残疾人工作者具备利他主义的爱、使残疾人事业成为爱的事业的原则，并使之得到落实和执行。③ 另一方面，刘翔、周沛认为残疾人事业中的托养专业化服务体系构建，需要从托养服务的资金支撑、人才队伍、内容方式、机构运营四个方面着手，达到地方化与民间性、职业化与个性化、标准化与规范化、社会化与市场化的理想状态。④ 此外，谢建社主张通过社会工作者渗入体系、社工服务嵌入机构、服务机构实行准入制与淘汰制、政府购买社工服务的方式，推进残疾人服务向专业化

---

① 卓大宏，贝维斯，李建军，等．中国社区康复的现状、面临的挑战和发展趋势［J］．中国康复医学杂志，2015，30（07）：635-639.

② 徐帅．国外社区康复服务状况及对我国社区康复发展的思考［J］．残疾人研究，2018（04）：86-95.

③ 葛忠明．残疾人公共服务的发展趋势和潜在问题［J］．山东社会科学，2015（05）：15-21.

④ 刘翔，周沛．残疾人托养专业化服务研究——以无锡市为例［J］．残疾人研究，2017（02）：75-81.

转变。[①] 秦琴等则认为提高社会工作介入残疾人服务的重要性的认识，加快社会工作理论与实践的融合，加强社会工作人才队伍建设，重视志愿队伍建设是提升残疾人社会工作专业化水平重要发展方向。[②]

其次，是国际化发展模式。社会工作是西方社会的“舶来品”，残疾人社会工作作为分支之一，发展出本土化理论及实务体系离不开对西方先进经验的借鉴，同时推动我国社会工作专业的发展也需要“走出去”。梁德友等认为走国际化道路是当前我国残疾人事业发展的首要任务，西方道路注重“公民权利”、贯彻以人为本、强调公平优先，成熟的残障理念、救助模式和制度设计具有重要的理论借鉴意义。[③] 徐东等以国家开放大学的社会工作专业课程设置为例，说明“高素质+创新性+实用型”人才培养模式符合国际化发展方向。[④]

最后，是本土化发展模式。残疾人社会工作理论具备本土契合性是发挥社会工作实务对我国残疾人事业促进作用的重要条件，这就要求学界构建中国特色的残疾人社会工作理论体系与实务模式。王磊等研究发现，建立与我国国情相适应的残疾模式框架体系，一方面，应构建以“包容性”“投资性”“积极性”为核心内容的理论范式；另一方面，应构建以“动态性”“发展性”“参与性”为基础的政策设计体系。此外，还应构建以“全程化”“多元化”“赋权化”为基础的福利服务体系，全

① 谢建社．推进残疾人服务向职业化、专业化转变——以广州为例［J］．福建论坛（人文社会科学版），2008（10）：135-137.

② 秦琴，谢雨，彭皓．社会工作与残疾人社区服务思考［J］．残疾人研究，2013（01）：31-35.

③ 梁德友，周沛．中国特色残疾人事业发展的三个向度［J］．河南社会科学，2015，23（01）：70-75

④ 徐东，高智凯，叶梅．基于“中国梦”治国理念的残疾人开放教育人才培养模式创新研究——以国家开放大学残疾人教育青岛学院社会工作专业为例［J］．天津电大学报，2014，18（01）：16-20.

面提升残疾人生存与发展水平。[1] 梁德友、周沛认为建设具有中国特色、中国风格、中国气派的残疾人事业发展道路，应从理念、主体、水平、政策、保障五个层面入手。[2] 有学者认为将社会工作“平等、参与、共享”的价值理念和“社区照料”的工作方法融入残疾人社区服务，是残疾人社会工作理论本土化的体现。潘泽泉等将优势视角与残疾人家庭个案社会工作实践相结合，提出了利用传统中国熟人社会的关系特征、注重中国特色的家庭和群体观念、结合中国文化传统的本土化路径。[3]

（五）残疾人社会工作的实务领域

残疾人社会工作实务领域的研究逐渐成为当前研究的重点，随着实务领域的不断拓展，目前我国主要形成了教育、就业、康复、社会保障和文化与体育工作等领域。

首先，是教育工作领域。其一，是教育现状的研究。总体研究表明，我国残疾学生受教育状况呈现向好趋势，同时存在较大的发展空间。刘璞的研究发现，我国特殊教育呈现出规模扩大化、形式多样化、师资专业化的发展态势，而义务教育阶段发展水平不均衡及质量不过硬、非义务教育阶段发展缓慢的问题突出。[4] 王振洲的研究结果呈现出了我国残疾人单考单招办学层次低、区域分布不均衡以及招生计划数量少、专业范围小、对象集中的实施现状。[5] 其二，是教育内容的研究。对于残障学生

---

① 王磊，张一舟．残疾模式：残疾研究的理论、政策与福利框架［J］．残疾人研究，2018（02）：30-36.

② 梁德友，周沛．中国特色残疾人事业发展的三个向度［J］．河南社会科学，2015，23（01）：70-75.

③ 潘泽泉，黄业茂．残疾人家庭个案社会工作：基于优势视角的干预策略与本土化实践［J］．湖南社会科学，2013（01）：93-96.

④ 马宇．“融合教育”背景下残障大学生支持体系的建构［J］．江苏高教，2012（02）：144-145.

⑤ 王振洲．我国高校残疾人招生考试政策的历史、现状及趋势［J］．残疾人研究，2019（03）：46-55.

的教育内容研究，学界的研究对象主要侧重于学历层次较高的残障大学生。于娣、邱观建认为对残疾大学生的思想政治教育应结合其心理和行为特点，授课内容以心理健康教育为切入点，以社会适应性教育为着力点，以政治素质教育为支撑点，满足其个性化、特殊化的教育需求。[①] 马宇也认为高校要设置特殊教育组及残障学生心理咨询和辅导中心，既保障残障学生的学业水平，也培养他们的健康心理。其三，是教育方式的研究[②]。在互联网技术的迅猛发展和社会工作专业认可度不断提升的现实情况下，对社会工作介入、互联网辅助残疾人教育的研究日益增加。郭利明等从特殊教育的局限出发，分析了人工智能与特殊教育深度融合模式的理论支撑、基本原则和框架设计，阐明了人工智能在破解教材设计不合理、师资队伍薄弱、残障类型和程度不一、管理难度较大、医疗救助缺乏等难题的优势，同时说明了人工智能应用于特殊教育的现实性问题。[③] 罗欣欣等强调我国送教上门需进行制度设计和实施流程等多维度完善的同时，也提出了“互联网+送教上门”的新模式。[④] 蔡翮飞、李丽的研究发现，社会工作的理念与技术对残障大学生的教育支持与服务提供了新的思考，并提出了以互联网为支撑，以社会工作专业技术为支撑，以多元化的社会支持为主体，以相关的法规和制度为保证的新支持路径。[⑤]

其次，是就业工作领域。残疾人就业问题长期受到社会的广泛关注，但残疾人就业率偏低、就业层次偏低、收入水平偏低、就业稳定性差的

---

① 于娣，邱观建．对残疾大学生思想政治教育的思考［J］．学校党建与思想教育，2019（22）：42-43.

② 马宇．“融合教育”背景下残障大学生支持体系的建构［J］．江苏高教，2012（02）：144-145.

③ 郭利明，杨现民，段小莲，等．人工智能与特殊教育的深度融合设计［J］．中国远程教育，2019（08）：10-19+92-93.

④ 罗欣欣，陈卓铭．特殊教育送教上门工作之比较［J］．中国康复医学杂志，2019，34（03）：330-333.

⑤ 蔡翮飞，李丽．残障学生大学教育支持路径解析——基于社会工作之构念［J］．重庆工商大学学报（社会科学版），2018，35（06）：54-60.

总体形势没有改变。[①] 城乡残疾人就业分化逐渐扩大，劳动力市场存在性别歧视现象，残疾女性的就业扶贫需求显著低于男性。[②] 残疾青少年劳动就业面临就业链条不通畅、社会支持不足、按比例就业政策有漏洞、不法团伙引诱其犯罪等问题。[③] 面临上述困境，学者们建议就业政策中纳入性别敏感视角，制定差异化的城乡人力资本投资政策，重视政策优化；注重残疾青少年素质教育，加大对农村、女性残疾人技能培训力度；有针对性地对残疾人进行心理辅导，扫除心理障碍。此外，互联网技术也成为解决残疾人就业的有效途径。焦若水等指出，互联网经济的迅速发展使残疾人就业面临机遇与挑战并存的局面，增加残疾人互联网就业岗位，提高残疾人就业技能，协同发挥技术、市场、政策和体制优势，创新“互联网+残疾人”新模式，促进残疾人就业。[④] 而杨玉雄等则从政策的角度出发，说明我国形成了具有集中就业、按比例分散就业、灵活就业、辅助性就业和公益性就业等多种形式的残疾人就业支持政策体系，就业政策仍需作出提升残疾人就业质量和就业竞争力的适时适当转变。[⑤]

再次，是康复工作领域。康复社会工作是根据社会工作理论和技术，协助那些生理或精神残障者恢复社会适应功能。社会工作者在社区康复模式中起着积极和无可替代的作用，尤其是在精神健康领域。黄永梅等研究发现，社会工作介入重性精神病个案管理效果明显，应成为重性精

① 周进萍．新时代残疾人就业服务精准供给的路径研究［J］．残疾人研究，2019（03）：56-62.

② 康琛宇，胡日东，白先春．残疾人就业与扶贫需求的性别差异研究——基于非线性 Blinder-Oaxaca 分解方法［J］．西北人口，2019，40（06）：83-92.

③ 杨蓉蓉．残疾青少年劳动就业状况及促进研究［J］．中国青年研究，2015（04）：10-17.

④ 焦若水，李国权．残疾人就业：互联网时代的机遇与挑战［J］．残疾人研究，2019（04）：45-53.

⑤ 杨立雄，郝玉玲．城镇残疾人就业："问题"的转移与政策隐喻［J］．西北大学学报（哲学社会科学版），2019，49（04）：74-88.

神病个案管理的发展方向。[①] 何雪松等的实验证明了社区精神分裂症康复中小组工作的技术运用具有积极作用，并就提升小组效果与促进社会工作者服务提供者与资源整合者的角色扮演进行反思。[②] 童敏认为，社会工作与精神康复相似性是中国大陆社会工作发展的机遇，社会工作介入精神康复同时面临着社会工作专业知晓度低、社工缺乏专业身份和必要的资源、社会工作尚未实现本土化等挑战。[③]

再次，是社会保障工作领域。社会保障是残疾人事业的重要内容，主要包括社会福利、社会保险、环境保障等工作。笔者尽可能从已有文献中，选择分析目前研究较为成熟的部分。一方面，是社会福利工作。姚进忠等分析了我国残疾人社会福利事业的历史演进和逻辑理路，认为我国残疾人社会福利事业正处在深化改革期，并指出其分类精准帮扶和组合式普惠福利的发展方向。[④] 王磊等认为"断裂社会"的特征是造成我国残疾模式与福利模式不匹配的根本原因，实现二者的价值、目标、手段和主体的无缝隙匹配将有助于提高残疾人福祉。[⑤] 万国威的研究结论是，我国残疾人福利制度建设在突出福利可及性前提下，保障各地区福利可及性的大致均衡，并确保具有特殊需要的残疾人群在福利可及性上的优先性。[⑥] 另一方面，是环境保障工作。无障碍建设得到社会的高度重

① 黄永梅，梁润娣，柯咏坚，苏秀兰，谭素瑶，徐遇安，王小液，欧阳彩群．社会工作介入重性精神病个案管理的效果研究［J］．中国全科医学，2016，19（16）：1876-1878.

② 何雪松，余潇．社区精神分裂症康复患者的社会功能小组干预［J］．华东理工大学学报（社会科学版），2015，30（06）：13-20.

③ 童敏．社会工作的机遇与挑战：精神病人社区康复过程中的社会服务介入［J］．北京科技大学学报（社会科学版），2006（03）：1-5.

④ 姚进忠，陈蓉蓉．中国残疾人社会福利 70 年：历史演进和逻辑理路［J］．人文杂志，2019（11）：1-10.

⑤ 王磊，张一舟．残疾模式：残疾研究的理论、政策与福利框架［J］．残疾人研究，2018（02）：30-36.

⑥ 万国威．我国残疾人福利可及性的实证研究［J］．人口学刊，2014，36（06）：89-102.

视，然而实际成效颇微，许多问题亟须解决。法律对残障者无障碍生活利益的保护十分必要，我国仅在社会法和行政法中涉及概括性和原则性条款，在民法的基本原则、人格法和侵权责任法中落实相关内容势在必行。① 蒋瑛也认为要进一步完善相关政策条例，还应明确无障碍环境建设的职权范围和关系部门，借鉴西方发达国家的先进经验，加大对群众无障碍意识的普及和宣传。② 还有学者的研究揭示了城市社区无障碍设施的空间错配现象及其影响和发生机制，建议城市规划应注重老旧社区关键节点和沿街商业建筑出入口的无障碍改造，并鼓励残疾人参与社区规划、改造全流程。此外，我国残疾人扶贫进入了精准扶贫的机制创新阶段，扶贫政策仍存在诸多不足。吴敏认为应坚持多元、综合的残疾人扶贫方向，加强社会保障体系的建设，建立和完善精准扶贫的工作机制以及领导机制和服务机制，发挥残疾人的主体能动作用。残疾人的社会保障覆盖存在缺口，将残疾人纳入长期护理保险制度，满足其照护服务的需求，应建立健全残障失能标准的评估体系，加强残疾护理与社会养老服务设施的对接融合，并引入多层次护理保障体系。③

最后，是文化与体育工作领域。残疾人参与社区文化体育活动是确保残疾人充分和切实地参与和融入社会的重要途径。我国残疾人文化与体育工作发展事态良好，仍存在活动参与率低、地区发展不均衡、基层服务力量薄弱等问题。曹烃认为残疾人体育与残疾人文化具有强烈的互促性和一定的互制性，兼顾发展残疾人体育与创新残疾人文化机制，促进二者和谐互促、融合发展，实现残疾人文化与体育共赢。④ 有学者建议

---

① 张莉，陈梦茜，曾俊芳．残障者无障碍生活利益的民法保护［J］．福建论坛（人文社会科学版），2015（12）：211-216.

② 蒋瑛．我国无障碍环境建设问题研究——基于残疾人社会福利的视角［J］．劳动保障世界，2019（35）：30-31.

③ 吴敏．中国残疾人扶贫的发展历程与政策变迁［J］．西部论坛，2016，26（06）：74-82.

④ 曹烃，刘珍．残疾人体育与残疾人文化关系及其共赢路径研究［J］．体育文化导刊，2017（03）：192-197.

图书馆提升为残疾读者服务的意识、评估残疾读者需求并提供个性化服务、引进现代化智能设备和技术，同时向残疾读者推广阅读疗法。金梅等就江苏省残疾人公共体育现状，提出了加大财政保障、完善多元供给机制、推进基础设施建设、加强人才队伍建设的发展路径。① 郭翔则认为推动残疾人参与体育健身，需提高对残疾人体育的认识水平、建立体育健身指导机构、加强健身场地与器材建设、完善残疾人社会保障体系。②

（六）残疾人社会工作的社会政策

残疾人社会工作的发展一定程度上要归功于我国残疾人事业、政府购买服务、人才队伍建设等社会政策的支持。

首先，是政府购买服务。政府购买服务是一个新兴领域，自 2014 年 4 月联合下发《关于做好政府购买残疾人服务试点工作的意见》以来，各省市（经济较发达地区为主）进行了多样化的政府购买助残服务的探索实践，但仍然存在诸多问题。罗强强的调查发现，政府购买社会服务，专业社工嵌入公共服务的过程中易出现外部服务行政化、社会治理内卷化的问题。汤潇对上海市的研究也有相同的结论，并提出上海政府率先出台相关指导性文件和鼓励各区县成立社会组织孵化园的建议。安治民等认为政府购买政策的动力不足、社会组织的发展无法适应政府购买服务的需要等是问题所在，并建议重视社会工作专业人才队伍的建设、政府制度的完善。③ 杨英等总结了广东省助残民间机构发展缓慢的因素，并提出了以主体引导、多层推进、协调互促为特色的“广东模式”，以促进

① 金梅，常芙蓉．江苏省残疾人公共体育服务体系现状、经验及发展路径［J］．体育文化导刊，2018（06）：63-67.

② 郭翔．和谐视角下残疾人体育健身发展研究［J］．体育文化导刊，2017（02）：55-57+62.

③ 安治民，邱观建．我国残疾人社区照顾的政府购买服务研究［J］．凯里学院学报，2015，33（01）：47-51.

残疾人事业的发展。① 陈云凡等认为政府购买社会服务过程中，应与民间机构建立公开透明、资源共享、注重社工伦理的责信架构，助力政府与社会建立公私协力的关系。② 孙艳艳的调查则发现，政府购买孤残儿童社会工作服务具有拓宽儿童福利机构的服务领域、提升孤残儿童的福祉、注重照顾者的增能、推动社工机构的发展、对政府购买服务产生积极的示范效应等成效，并对政府职能部门、社工机构服务使用单位、高校各方提出了针对性的优化策略。③

其次，是人才队伍建设。国务院办公厅于 2010 年 3 月转发的《关于加快推进残疾人社会保障体系和服务体系建设的指导意见》中明确指出专业人才队伍匮乏的问题，培养从事残疾人服务的专业人才是残疾人事业发展的重头戏。许巧仙等的研究发现，目前残疾人专职委员存在队伍结构不合理、专业化工作水平不高和考核、选拔与任用机制不完善的问题，并建议加强残疾人专职委员准入制建设，健全残疾人专职委员考核机制，充分利用高校社会工作的学科资源，提高残疾人专职人员的专业素质。④ 谢建社认为我国残疾人服务质量难以满足服务对象的需要，建构包含学者、专业学生和准社工在内的残疾人服务工作组织体系是提高残疾人服务专业化、职业化的有效途径。⑤ 刘斌志等也认为我国残疾人社会工作者的能力有待提高，建议通过专业化策略推动残障社工人才队伍建设，即加强学科建设、重视价值培育、强调专业理论的学习与运用、注

---

① 杨英，秦浩明，谢豫川．政府购买服务：多层次公共服务供给的新模式——以广东省残疾人服务为例［J］．中国发展，2016，16（03）：11-18.

② 陈云凡，王丹．政府购买助残服务契约责信架构研究［J］．社会工作，2015（06）：3-11+125.

③ 孙艳艳．政府购买孤残儿童社会工作服务的成效分析与优化策略［J］．南通大学学报（社会科学版），2016，32（01）：148-154.

④ 许巧仙，常晓茗．N 市残疾人专职委员现状调查［J］．南京人口管理干部学院学报，2010，26（03）：61-64.

⑤ 谢建社．推进残疾人服务向职业化、专业化转变——以广州为例［J］．福建论坛（人文社会科学版），2008（10）：135-137.

重专业技巧的提高。[①] 有学者指出社会工作人才队伍建设应率先在儿童、老年、残疾人等社会福利单位开展试点工作。

最后，是学科体系建设。伴随着残疾人社会工作服务的发展，社会工作人才匮乏的缺陷暴露无遗，建立健全相关学科体系的研究提上日程。一方面，是教学研究。李宝龙等认为，“3+1”与多元化残障社工人才培养模式能够培养兼备理论知识与业务能力的高质量残障社工人才，并强调培养过程中应提高综合实践的实效性，建立稳定的社会工作专业实习基地，制定监控体系等。[②] 有学者则强调高校社会工作专业应当设置相关研究领域，并配备专业师资队伍。另一方面，是能力建设。刘斌志提出了残障社工应具备价值、知识、技术三维度的核心能力，满足多元化的助残服务需求。[③]

（七）残疾人社会工作的经验引介

已有研究较多涉及了国外及国内香港地区残障群体相关的研究。

一方面，是关于国外经验的研究。周沛的研究发现美国构建出的“融合（Inclusion）”“整合（Integration）”“独立（Independent）”的“三维残疾人社会支持范式，对残疾人提供系统性、完整性的支持与帮扶，启示中国特色残疾人事业的健康发展需在理念先行、制度推进、专业驱动、心理调适、实现价值等方面入手。[④] 章程、宋宝安的研究发现西方发达国家基于“人本主义”的“发展型”社会政策、多元责任主体的

---

① 刘斌志，李越．我国残疾人社会工作核心能力的指标体系与培育策略［J］．中国社会工作，2019（31）：29-30.

② 李宝龙，闫晓军，高文，等．“3+1”与多元化残障社工人才培养模式研究［J］．教育教学论坛，2018（48）：164-165.

③ 刘斌志，李越．我国残疾人社会工作核心能力的指标体系与培育策略［J］．中国社会工作，2019（31）：29-30.

④ 周沛．残疾人支持中的“三Ⅰ”范式：内涵逻辑与推进路径［J］．南京大学学报（哲学·人文科学·社会科学），2019，56（03）：61-70+159.

居家社区照顾的社会福利供给模式、完善的残疾人专项保障制度和专门法律条例给我国残疾人社会保障事业带来诸多启示。[①] 杨立雄的研究发现，西方发达国家的社会福利制度，如强调保障残疾人的“普通生活水平”，构建了社会救助和津贴项目种类繁多、社会服务项目细致周到、就业支持服务众多的社会保障体系的英国模式，采取机会平等和正常对待原则的、以保护权利为主的美国模式，都贴合本国的价值理念，有助于促进残疾人的福祉，并建议我国的社会福利制度建设中应确立“增能”的理念，匹配好各地政府的权利与义务关系。[②] 陈福侠等基于国外污名化的研究，提出我国推行全纳教育应注意通过立法、宣传、教育等途径消除歧视和污名对残障儿童的影响，特殊教育中注重对残障儿童积极心理品质和技能的培养，加强对特殊教育教师的培训。[③] 胡仕勇等根据各国残障者社会保障的突出特点归纳了以美国为代表的政府和市场叠加型，以英国、瑞典、新加坡和印度为代表的政府主导型以及以法国为代表的政府与社会组织叠加型三种残障者社会保障模式的分型，启示我国促进中国特色残疾人保障体系的发展，既要结合我国国情和社会保障制度的发展状况，又要吸取国外残障者社会保障制度的发展经验。[④] 金梅分析了美国的公共服务市场化、英国公共服务福利模式和日本公共服务政府主导型模式的优势，启示我国残疾人公共体育服务的发展需不断完善法律和制度，创新公共服务方式，坚持以政府为主导、多元共给，提高残疾人

---

① 章程，宋宝安．西方发达国家残疾人社会保障的成功经验对我国的启示［J］．东北亚论坛，2012，21（02）：89-95.

② 杨立雄．美国、英国和日本残疾人福利制度比较研究［J］．黑龙江社会科学，2014（03）：83-93.

③ 陈福侠，张福娟．国外残疾污名研究及对我国特殊教育的启示［J］．中国特殊教育，2010（05）：3-7.

④ 胡仕勇，罗雪平．国外残障者社会保障模式分型研究［J］．残疾人研究，2018（01）：69-74.

参与率与公共体育服务质量。[①] 夏扬从美国、英国、澳大利亚、日本等发达国家的助残项目中研究发现，以增加残疾青年教育机会为首要目标、改善工作条件和环境帮助残疾青年融入社会、结合残疾青年的年龄特点个性化开展助残项目、充分发挥财政金融手段和体育运动的作用等方式值得我国借鉴。[②]

另一方面，是关于中国香港地区的经验研究。彭华民等对香港和内地社会福利制度的福利政策、福利机构和福利服务的三维比较发现，内地的残疾人福利发展与香港存在差距，启示内地通过出台以残疾人需求为本的福利政策，做实“政府主导、官民结合、社会参与、家庭扶助”的残疾人社会福利制度，建立政府购买服务机制和引进社会工作者参与服务等方式，建立适度普惠型社会福利政策。[③] 刘祖云、毛小平的研究发现香港以政府为主导的多元化社会服务体系，以社区非政府组织为主体的社区服务体系，加之配备了专业的社工队伍，为残障群体及其家庭提供了有效的外部支持，并建议内地构建政府“掌舵”，非政府组织“划桨”的格局，在全国范围内推广社会工作职业化，以促进内地残障事业和残障服务的发展。[④]

（八）残疾人社会工作的本土实践

经过十多年的探索，残疾人社会工作在各省市都开展了相关的实践，并形成了独特的模式。

---

① 金梅．国外残疾人公共体育服务实践的经验与启示［J］．西安体育学院学报，2019，36（01）：10-17.

② 夏扬．教育机会与社会融入：国外青年助残项目的发展特点与借鉴［J］．中国青年研究，2015（04）：25-30.

③ 彭华民，万国威．残疾人社会福利制度：内地与香港的三维比较［J］．南开学报（哲学社会科学版），2013（01）：29-39.

④ 刘祖云，毛小平．香港与内地残障群体社会支持方式比较——香港与内地残障群体社会支持比较研究之二［J］．中南民族大学学报（人文社会科学版），2010，30（05）：75-80.

首先，是残疾人托养照料模式。残疾人托养照料是指残疾人及其亲人将残疾人的经济资源委托专门的机构，由其代己完成对残疾人的抚养责任，是社会保障和社会工作的重要内容，在北京、上海、广东、江苏、浙江、福建等地均有实施。北京市“温馨家园”是一种日间照料型托养照料模式，服务项目特别是文化娱乐活动方面内容丰富、残疾人职业培训和就业是其鲜明特色。广东省广州市残疾人安养院、残疾人展能中心、康宁农场、春晖庇护工场和康怡之家等系列残疾人托养照料模式代表着我国残疾人托养照料工作的最高水平，具有起步早、理念新、投入大、形式多、服务专业等优势。上海市残疾人托养照料模式的进步之处是依托发达社会工作学科等支撑体系，具有专业化的服务。以杭州仁爱托管中心、宁波阳光驿站等为代表的浙江省残疾人托养照料模式则有政府主导、残联推动、社会参与、覆盖城乡、分类实施、注重服务的特色。江苏苏馨家园集中托养、日间照料和居家安养三种模式，并通过各级政府为托养机构给予一次性建设补贴和床位补贴、为托养残疾人给予护理补贴。[①] 刘翔等也认为无锡市建立了以居家托养为基础、社区日间照料为依托、机构托养为补充的托养服务体系，并初步打造了托养服务的专业化工作队伍，基本形成了由医学、特殊教育、社会工作背景人员参与的服务体系。[②]

其次，是孤残儿童家庭寄养模式。家庭寄养是将民政部门监护的儿童委托在家庭中的照料模式，是帮助儿童回归家庭、融入社会的有效方式。秦琴基于中山市有孤残儿童的部分家庭的考察，认为社会工作介入的家庭寄养“中山”模式，提供寄养家长的培训服务、寄养儿童的成长服务、亲子互动活动、危机干预与个案跟进等服务，发挥家庭寄养原有

---

① 刘祖云，毛小平．香港与内地残障群体社会支持方式比较——香港与内地残障群体社会支持比较研究之二［J］．中南民族大学学报（人文社会科学版），2010，30（05）：75-80.

② 吕明晓．浙江省残疾人托养照料模式：评估、比较与展望［J］．社会保障研究，2010（05）：75-81.

成效的同时，还克服了其实施的难题。[1] 而朱孔芳对上海福利院提供家庭寄养服务的研究侧重于社工介入的流程，主要包括寄养家庭的招募、评估与选择、试寄养、正式寄养等环节，并指出应从高素质的社工人才队伍建设、科学评估体系构建和提供制度支持等方面促进家庭寄养的专业化和职业化发展。[2]

最后，是“互联网+残疾人”就业模式。上海、山东、江苏、浙江、湖南、重庆、四川等地进行了“互联网 +”残疾人居家就业模式的尝试，为全国普及该模式提供了借鉴。总体而言，我国已经形成了“技能培训+政策扶持”模式、“服务平台+招聘会/示范基地”模式、“政府购买+电商服务”模式三种具有推广性的经验模式。江苏省实施电商助残计划，四川省残联建立“量体裁衣式”服务信息平台，上海市以政府购买服务的形式，借助第三方机构帮助残疾人居家就业项目提升网络营销模式等，均是我国开展残疾人就业创业领域的“互联网+”实践探索。[3] 在浙江，已从事电商就业创业的残疾人约 1 万人。为有效推动残疾人电商创业就业，《浙江省残疾人事业发展“十三五”规划》把“就业帮扶”“‘互联网+残疾人’服务能力”列入全省残疾人“十大全面小康提升计划”，阿里巴巴等公司为残疾人提供流量帮扶。此外，谢建社等在广州“鲲鹏展翅工程”实践中得到启发，通过为残疾人提供修翼、强翼、添翼的服务，促进残疾人康复能力的提升和支持网络的构建，促使残疾人更好融入社会。[4] 谢建社对广州市多家工疗站的抽样调查中，发现工疗站面临多方面

---

① 刘翔，周沛．残疾人托养专业化服务研究——以无锡市为例［J］．残疾人研究，2017（02）：75-81.

② 秦琴．孤残儿童的家庭寄养模式研究——以广东省中山市为例［J］．武汉理工大学学报（社会科学版），2012，25（06）：846-849+908.

③ 朱孔芳．专业社会工作介入孤残儿童家庭寄养探析——以上海市儿童福利院为例［J］．华东理工大学学报（社会科学版），2006（04）：28-33.

④ 谢建社，彭焕城．生态系统视野下的残疾人支持性就业探析——以广州 S 街道为例［J］．残疾人研究，2017（01）：61-67.

的困境，并探索出社会工作介入工疗站的有效机制，提出社工介入的新任务，以最大限度发挥工疗站服务残疾人的作用。[①] 石岩等研究发现，宿迁市政府购买残疾人就业培训服务的实践体现了因地制宜、多元发展的特色，其引入技师院校、社区组织和人力资源公司等机构，对残疾人开展学历教育、技能培训、网络创业培训等服务的新方式，取得了良好的效果。[②] 还有学者基于北京老年医院个案服务的研究，认为“医务社工+个案护士”管理模式具有全面高效的优势，增加了人文关怀。

二、中国特色残疾人社会工作研究的本土反思

经过十多年的实践与研究探索，我国残疾人社会工作研究不断深入，取得了一系列成就。一是研究成果不断积累。2010 年以后，每年发表文献数均超过 10 篇，在核心期刊发表的文献数量占总数（1990 年来发表在核心期刊上的文章总数）的 77.5%。二是研究领域不断深化。近年来，残疾人社会工作研究模式从个人模式转向社会模式，研究内容从康复到就业、教育，研究范围从城市扩展到农村和民族地区，呈现出由宏观到微观、普遍到特殊的研究趋势，并开始了具有中国特色的地方模式的探索。四是研究影响不断扩大。一方面，学界通过理论探讨研究了残疾人社会工作发展的必要性及可行性，倡导开展残疾人社会工作政策研究和人才队伍建设，均得到社会各界的广泛认可与支持；另一方面，各省市陆续推动了残疾人社会工作地方实践，越来越多的实践经验成为各级党和政府决策的参考，成为共青团中央的发展战略，极大地促进了我国残疾人事业的发展。

---

① 高圆圆，范绍丰．“互联网+”背景下我国重度残疾人居家就业模式的现状及对策［J］．残疾人研究，2018（04）：72-78.

② 谢建社．探索街居工疗站社会工作服务与管理新机制新方法——以广州为例［J］．重庆工商大学学报（社会科学版），2013，30（02）：1-7.

随着国家经济建设的迅速发展和残疾人需求不断扩大，目前我国残疾人社会工作的研究虽然取得了一定的成就，但还面临诸多问题。

首先，研究成果质量不足。相比社会工作其他分支领域的发展以及西方社会残疾人社会工作研究，当前我国残疾人社会工作研究处于起步阶段，研究成果的数量和质量远不能回应实践的需求。一是理论分析较多，核心概念不够明确，研究领域分散；二是思辨分析多，实证与经验研究少，研究数据始终停留在十多年前，更新速度跟不上研究的步伐；三是服务的优化方案设计多，实际应用的经验研究少，导致相关服务的证据性不足，难以证明服务的成效性；四是服务项目及服务实践多且集中于部分地区，地域发展不平衡，模式提炼与服务经验分析少，普遍适用全国残疾人服务的理论体系及地方特色的实践模式均未形成。

其次，研究体系尚未健全。我国残疾人社会工作研究起步晚、重视程度不足的现状，很大程度上影响了本土研究体系和核心研究力量形成。

再次，核心能力不够明确。作为一个兼具理论研究与实务拓展双重属性的专业领域，残疾人社会工作研究不仅要引领专业知识、学科建设以及理论积累，更要总结服务模式、发展服务能力、凝练服务标准、建设专业队伍。与此属性相比，当前残疾人社会工作研究依然存在诸多局限。一是残疾人社会工作者数量不足，具有行动研究能力的专业人员更是稀缺，导致服务实践难以与理论形成有效对话；二是残疾人社会工作服务的志愿服务较少，导致已有理论难以在实践中得到检验，不利于先进理论的积累与落后认识的革新；三是价值伦理研究未受到学界的重视，残疾人社会工作者的价值观没有明确的指导原则，社会工作介入残疾人服务的优势无法得到展现；四是服务内容过于广泛琐碎，所带来的服务技术和能力过于碎片化，专业核心能力和核心竞争力体现较弱；五是研究机构和研究平台不足，限制高水平研究团队和力量的形成。

最后，学科话语体系滞后。与满足残疾人多元化服务需求、推进社会工作专业发展的目标相比，残疾人社会工作未形成服务体系、制度体系和学科体系，其学科建设存在较多局限。一方面，虽然目前已有的研究成果数量较为可观，但其质量及影响力不高，难以完成学科建设和人才培养的任务；另一方面，我国超过200所高校开设社会工作专业，而设置残疾人社会工作研究领域的寥寥无几，从事残疾人社会工作服务的专业人才匮乏，遑论高水平的研究人员及专业的学科梯队。

三、中国特色残疾人社会工作研究的趋势展望

2010年国务院办公厅转发《意见》指出加强残疾人服务体系建设，残疾人社会保障体系和服务体系建设进入一个全新的阶段。位于时代发展的新阶段，残疾人社会工作研究也需要与时俱进，努力提升研究水平，助力我国残疾人事业的发展。

首先，要开展证据为本的经验研究，总结提炼本土服务模式。实现残疾人社会工作服务与理论研究的互促共进，不仅需要基于残疾人需要的服务实践，更需要在实践基础上进行理论分析、总结和提升。一是要加强残疾人社会工作领域服务者、研究者以及管理者之间的沟通与合作，协助社会工作者参与行动研究，引导管理者开展政策分析，促进研究者参与服务实践，从而实现实践、理论与政策的协调发展。二是要在原有服务实践的基础上，积极引入证据为本的研究理念和模式，引导残疾人服务项目设计符合专业、科学和规范的标准，促进服务的知识和理论积累。三是要充分重视我国残联开展残疾人服务的历史传统和宝贵经验，从中提炼和总结专业的理念、方法和技术，构建中国特色的残疾人社会工作服务模式。四是要对国内不同区域的残疾人社会工作服务和研究模式进行分析、总结、提升并开展示范推广。

其次，要吸收国外残疾人服务经验，形成本土研究框架体系。西方发达国家的残疾人社会工作研究已经形成了相应的学科体系和框架，在制度建设、实践经验与知识积累等方面具有优势。我国未来残疾人社会

工作的研究既要立足本土，更要放眼世界，最终实现国际经验与本土国情的有机结合。一是要积极学习和引介国外残疾人社会工作的服务和研究经验，不仅要积极翻译、引进国外残疾人社会工作的经典教材、研究专著等成果，更要对国外成熟的残疾人社会工作理论和模式进行有选择地学习和吸纳。二是要吸收国际残疾人社会工作的学科经验，建立本土残疾人社会工作的服务框架和研究领域，并培养本土研究学者，建设本土研究平台和机构，形成本土残疾人社会工作研究的学术共同体。三是要扩大引进残疾人社会工作发展具有典型意义的覆盖面，要系统、详细地介绍各个国家和地区的先进经验。四是要注重本土残疾人社会工作服务的经验输出，加强与国际先进经验的沟通对话，发挥后发优势，提升我国本土残疾人社会工作在国际的知名度与认可度。五是要重视研究成果与我国国情、发展任务和政治要求的融合，深入调研残疾人的实际需求，不断创造出务实的本土化理论。

再次，要提升实践服务的核心能力，建设专业研究人才队伍。残疾人社会工作的研究最终目的是提升残疾人社会工作者的能力和水平，体现服务的核心竞争力。因此，未来残疾人社会工作研究要面向宏大的人才队伍建设目标。一是要从学术上厘清残疾人社会工作的核心能力要素、指标体系、具体内容及其评价标准，为相关的服务和研究工作提供指南。二是要整合多学科力量和视角，加强残疾人社会工作人才培养、服务机构、研究平台以及政策保障体系的研究，通过研究力量的壮大来促进研究质量和水平的提升。三是要注重人才的能力培养，既要强调研究人员的实务和研究能力的培训，还要促进实务工作者价值观、技巧等方面能力提升，并加强理论及实务人才的交流，全面提升残疾人社会工作的研究及服务水平。四是要加强残疾人社会工作人才管理，建立培养、引进、考核、激励机制，加强对从业人员的管理与福利保障，提升从业人员的社会地位。五是要强化残疾人社会工作实务的项目管理、成效评估、服务模式、管理机制等方面的探索，通过研究促进残疾人服务管理水平乃至实务技能的不断提高。六是要着力研究政府购买残疾人服务、残疾人社会工作人才队伍建设以及残疾人社会福利服务体系建设等重大议题，促进残疾人社会工作纳入党和政府重大决策和战略部署。

最后，要构建本土化学科话语体系，提升学科地位和话语权。作为综合心理学、社会学、经济学以及公共管理学等诸多学科的交叉学科，残疾人社会工作研究需要不断提升自身的本土化、专业化和学科化地位，强化社会工作研究促进青少年服务发展的功能和意义。一是要积极借鉴生理学、文化学以及人类学等诸多学科理论，引介和转化其他学科的知识，并形成残疾人社会工作的内生理论，更新残疾人社会工作的理论体系。进入新时代，互联网技术迅速推广和普及，医学、康复学水平不断提升，给残疾人及其发展带来了诸多新的机遇与挑战，也要求残疾人社会工作研究不断拓宽理论视野和范式，响应时代挑战。二是开展多种类型的研究，理论研究与实务研究并重，重视文献综述法的应用，从价值伦理、方法技术、社会政策等多角度入手，拓宽研究领域，增加研究成果数量，扩大研究影响。三是不断总结本土残疾人服务的经验，总结、归纳和提升我国本土残疾人服务尤其是残联开展服务的历史经验和本土智慧，从而构建具有本土特色的残疾人社会工作方法和技术体系。四是不断提升研究的决策咨询、建言献策以及社会倡导水平，促进研究的社会影响力，促进本土残疾人社会工作服务体系的建立和健全。五是加强高校社会工作专业的建设，增加残疾人社会工作研究领域的设置，加大残疾人社会工作实习基地的建设力度，保障残疾人社会工作专业人才持续输出。

· 中编 ·

场 域 编

第四章　冲突与圆满：新世纪我国家庭社会工作研究

家庭是社会的基本细胞，更是社会稳定的基石。作为社会工作的基本领域和重中之重，家庭社会工作在服务实践、社会政策以及理论研究方面都取得了丰硕成果。2015 年 10 月教育部颁布的《关于加强家庭教育工作的指导意见》再次强调："统筹协调各类社会资源单位，构建家庭教育社区支持体系"，也给家庭社会工作的发展带来了新的契机。站在新时代，面对新形势，家庭社会工作服务、实践与研究需要不断总结已有经验，分析新世纪以来相关领域研究者所聚焦的主要议题、研究成果以及发展趋势，为家庭社会工作未来发展厘清方向。

一、中国特色家庭社会工作研究的主要议题

鉴于目前我国关于家庭社会工作研究的学术专著和译著不多，且多以教材和教辅为主；加之绝大部分相关研究文献均被 CNKI 所收录。因此，对于中国特色家庭社会工作研究的文献综述均基于 CNKI 收录文献，且主要集中于以下六个方面。

（一）家庭社会工作的价值伦理

专业伦理原则为社会工作者提供了指南，使他们能够把专业的价值观转化到专业实践活动中。总体来看，新世纪以来我国家庭社会工作价

值伦理的研究较为薄弱，主要体现在初步的伦理守则探讨和反思。一方面是关于家庭社会工作伦理守则的研究。佟新认为家庭社会工作服务需要遵循个人权利、风俗依归以及事本主义或情景主义的原则，并倡导以尊重个人权利为基础、以家庭成员平等互助为价值取向的家庭社会工作伦理守则，强调家庭社会工作的伦理问题与我国独特的社会文化背景以及“家庭本位”思想相联系①。陶宇和朱晓屿主张家庭社会工作者应在与服务对象的“家文化”达成一致的基础上，善于运用自身优势与服务对象建立起一种不逾越专业关系的拟血亲关系，将自己的角色转化为家庭内部的“自己人”，把所要解决的问题当成是自身家庭内部问题，把专业的服务方法与技巧以一种“润物细无声”的形式贯穿在整个服务过程中②。另一方面是对家庭社会工作的伦理反思。季蕾强调我国对于残障人士的家庭社会工作服务多止于探索医疗技术和狭义的帮助爱护，只注意到其生理和行为上的特殊之处，却忽略了其家庭以外社会服务的需要；工作方法都是以解决困难为主，忽视了情感需求；以帮助个人为主，缺乏对整个家庭的支持；缺乏专业的评估方法与体系；缺乏对家庭社区支持以及社会支持的挖掘③。张晓红则认为新世纪以来我国家庭社会工作主要存在西方移植与社会系统多元、专业的独立性与依附性、助人自助的专业精神与资源缺乏以及量化的绩效评估与缺失的人类关怀等四类伦理困境④。也有学者主张从社会价值观、专业价值观和工作者个人价值观之间的冲突来分析家庭社会工作中的伦理困境，并强调促进三者的融合与平衡。

---

① 佟新．对中国城市发展家庭社会工作的思考［J］．山西师大学报（社会科学版），2009，36（06）：1-7.

② 陶宇，朱晓玙．中西方“家文化”差异下的家庭社会工作实践路径探究［J］．新视野，2018（06）：96-102.

③ 季蕾．正常化理念与非正常化实践［A］．王思斌．中国社会工作研究（第二辑）．北京：社会科学文献出版社，2004.

④ 张晓红．社会工作本土化实践中的伦理困境——以广州市家庭综合服务中心模式为例［J］．社会工作与管理，2015，15（04）：23-29+89.

（二）家庭社会工作的理论视角

家庭社会工作作为一门专业和科学，具有其自身的学科和理论基础。这在家庭社会工作实践与研究的初始就得以体现，发展至今已经形成了相应的心理学、社会学和社会工作的理论基础，然而目前主要以社会学与心理学理论视角为主，未来仍存较大的理论完善空间。一方面，从社会学层面开展的理论分析主要包括戏剧理论、社会支持理论、家庭系统理论以及家庭生命周期理论等。有学者基于一个现代城市家庭中的婆媳纠葛案例的角色理论分析，探讨了从戏剧理论出发创新家庭社会工作的专业理念、方法及技巧，具体包括意义建构、自我认定、角色创造和重整行动等，也有学者以此为基础对青春期的亲子冲突、对女性的家庭暴力等进行了个案研究[①]。袁芮则基于鲍文的家庭系统理论剖析了中国传统家庭的生态环境及其对家庭成员施加影响的机制，并揭示了文化敏感度和亲职教育在家庭社会工作服务中的重要意义[②]。后续的研究也强调了在为困难群体开展家庭社会工作服务时要充分发挥服务对象周围的各类型支持系统，并从宏观与微观两个方面进行干预。另一方面，从心理学层面开展的理论分析主要包括弗洛伊德精神分析理论、人本主义、抗逆力理论、优势视角、叙事研究等。刘玉兰、彭华民等致力于研究家庭抗逆力视角下的流动儿童家庭社会工作服务模式，旨在有效突破当前问题化、个体化和静态化的服务困境[③]。其他学者则通过多种方式开展了优势视角在青少年服务、新空巢家庭等服务中运用的探索。

---

① 郁之虹．家庭系统理论视域下的家庭暴力——互动因果的矛盾循环格局［J］．社会工作，2014（06）：82-90+154.

② 袁芮．家庭治疗在本土情境中的运用——以鲍温家庭系统理论为例［J］．社会工作与管理，2018，18（02）：36-43.

③ 刘玉兰，彭华民．社区抗逆力培育：流动人口聚居区治理的社会工作策略研究［J］．人文杂志，2019（08）：114-122.

（三）家庭社会工作的实务领域

作为未来社会工作实务发展的重要面向，家庭社会工作积累了较为丰富的实务经验，包括面向不同家庭类型以及家庭中不同关系的事件与研究，大致包括以下四种：

首先，是亲子关系服务的研究，主要集中于青春期的亲子冲突。张莉萍基于萨提亚家庭治疗模式和团体动力学理论，通过建立亲子关系促进工作坊介入亲子关系的改善，发挥了积极的教育、发展、预防及治疗功能①。也有学者从微观、中观、外部、宏观四个层面探索了社会工作促进青春期亲子关系的服务策略。而沈黎通过个案研究和行动研究探讨了家庭为本的社会工作戒毒服务模式对于吸毒青少年家庭成员认知和行为改变的历程，丰富和发展了行为失范青少年的行为矫正新模式②。

其次，是夫妻关系服务的研究，主要围绕“家庭暴力”的核心议题。许晓芸的研究基于反家庭暴力法探索了社会工作介入反家暴服务的具体路径、策略和技术③。周冬然和高建秀进一步分析了家庭暴力中受虐妇女的身体、心理、灵性、社会层面的需要，并发展了身心灵健康互助的家庭社会工作服务模式④。而潘泽泉和杨又天的研究基于不同文化背景下社会结构的差异和家庭暴力的情境化解释，构建了具有本土特色的家庭社会工作干预策略⑤。

---

① 张莉萍．亲子关系促进工作坊——家庭社会工作的示范［J］．华东理工大学学报（社会科学版），2006（01）：16-19.

② 沈黎．支持与应对：家庭为本的青少年戒毒社会工作模式研究［J］．中国青年研究，2009（03）：43-46+8.

③ 许晓芸．家暴与反家暴：家庭社会工作的介入及路径［J］．长春理工大学学报（社会科学版），2011，24（05）：27-28.

④ 周冬然，高建秀．家庭暴力受虐妇女的社会工作干预——身心灵互助健康模式初探［J］．社会福利，2009（08）：46-47.

⑤ 潘泽泉，杨又天．家庭暴力与社会工作介入：本土化的问题向度及干预策略［J］．江西社会科学，2013，33（02）：193-197.

再次，是婆媳关系服务的研究，主要体现在婆媳之间生活方式、消费观念、教育观念的差异方面。有研究揭示婆媳关系的分歧点表现在双方价值观、利益、文化程度的差异，同时就冲突引发点剖析了催生婆媳关系问题产生的社会、家庭、个人方面的原因，从微观视角入手探讨和分析了婆媳互动过程中的矛盾和冲突，并基于此论述了具体的沟通技巧训练等服务策略。

最后，是困难家庭的帮扶救助服务研究，包含的内容非常广泛，如残疾人家庭、重病家庭、单亲家庭、流动家庭和留守家庭等，其中失独家庭是一个较为新兴的服务领域。王文静等强调失独家庭的社会工作服务要转向重在成长的发展型救助策略，重点围绕失独家庭的情绪疏导、生计发展以及社会适应等内容，开展综合性介入①。黄耀明在对失独家庭养老困境、疾病缠身、精神崩溃、生命凋零、亲情落寞、社群疏离等一系列困境分析的基础上，通过行动研究方法帮扶失独家庭生活重建及社会支持体系建构②。

（四）家庭社会工作的模式技术

新世纪以来，家庭社会工作服务在微观的个人及家庭服务、中观的小组和群体服务、宏观的社区以及政策服务中吸收并拓展了多元化的服务方法与技术，并在不同实务领域研究中得到验证和推广，形成的研究成果包括：

首先，是个案模式的探讨。在长期的专业服务过程中，家庭社会工作不断向家庭治疗学习先进经验并付诸实践，并逐渐聚焦于以下四个方面的模式和经验。一是萨提亚模式的运用，着重于提高家庭成员个体尊

① 王文静，王蕾蕾，闫小红．从生存型救助到发展型救助——社会工作视角下失独家庭的救助策略［J］．新疆社会科学，2014（05）：119-123+162.

② 黄耀明．失子之殇：社会工作介入失独家庭重建的本土化探索［J］．中国社会工作研究，2014（01）：128-148.

严、沟通改善以及人性服务，而不是着重消除“症状”。相关研究对萨提亚家庭治疗模式的理论基础、人性认同模型等理论进行了系统的论述，并就相关的沟通姿态、转化历程、家庭重塑、角色舞会等方法和技术开展了具体运用。二是结构式家庭治疗模式的探索。安民兵通过案例研究分析了结构式家庭疗法在青少年家庭社会工作运用的可行性及效度，并详细分析了治疗性和发展性服务中的个案辅导、团体治疗、社区参与策略①。三是叙事治疗模式的研究。张晓红从叙事模式的运行机制出发，认为原来的叙事方式限制了家庭成员在现有情境下追求多样性发展的可行性，强调协助服务对象把目前“成问题”的话语转向流动的话语，以此帮助求助家庭确定和形成能够让其自身积极、满意的全新故事②。黄耀明则从叙事治疗“多元中心”“去权威化”的理念出发，协助失独家庭解构被认为是问题的故事，并通过寻找例外的事件建构富有正面意义的故事，以此实现失独家庭的生活重建以及社会再适应③。

其次，是小组工作模式的研究，着重于对家庭社会工作相关理论与小组工作运作模式的相融性、可行性以及成效性进行探讨。已有研究认为家庭服务中的小组工作类型包括亲子关系小组、夫妻关系小组、支持小组、家庭成员互助小组、家庭治疗小组等。王怡然从赋权理论出发，基于上海市 D 社区的困境家庭青少年服务，探讨了抗逆力和赋权模式在家庭社会工作服务中的运用过程、模式及其成效④。也有研究探讨了失独家庭互助小组的现实意义及其社会网络建构策略，并结合过程评估和成效评估发展了具体的互助小组服务进程和技术。

---

① 安民兵．社会工作对青少年网络成瘾问题的介入［J］．中国矿业大学学报(社会科学版)，2006（01）：106-108.

② 张晓红．社会工作本土化实践中的伦理困境——以广州市家庭综合服务中心模式为例［J］．社会工作与管理，2015，15（04）：23-29+89.

③ 黄耀明．社会工作叙事治疗模式介入失独家庭重建的哲学渊源、方法和个案实践［J］．社会工作与管理，2015，15（02）：16-21+96.

④ 王怡然．赋权视角下困境家庭青少年抗逆力的小组工作介入研究［D］．上海：上海师范大学，2018.

再次，是间接服务模式的研究，主要包括社区工作方法以及社会行政。一方面，社区工作模式强调围绕求助家庭建立一个社区支持网络，主张“家庭-社区”资源衔接机制的完善，以丰富家庭社会资本、增强家庭功能。张秀兰、徐月宾等人认为社区在进行家庭服务的过程中要摈除形式化的内容，要对家庭有切实的帮助。例如，应包括婚前教育、生活技能培训、父母角色及亲子关系技能培训、儿童保护及儿童和老人照顾服务、医疗服务、法律援助、家庭应急服务、家政服务、家庭和婚姻关系咨询以及信息服务等①。也有研究认为当家庭面临生活挑战与问题时，家庭服务的实施重在为家庭成员提供物质与精神情感的交流途径。另一方面，社会行政强调将家庭领域的社会政策转化为具体的社会服务，并给予实践经验不断完善家庭服务政策与体系。姚金丹认为当前我国社会工作行政介入家庭服务的力度不足，对于各类困境家庭进行的专业介入存在较大的地域差别，工作方式缺乏主动和创新是当前的主要问题，并强调未来不仅要引入专业的社会组织促进家庭领域社会政策的实施，更要以社区为基础进行相关的睦邻友好扶助以及院舍服务，为家庭提供完善的社区救助服务②。也有研究强调社会行政应重视对家庭所处环境中可得到的资源和阻塞资源的整合，社会工作者要根据需要，积极地整合各类资源，尽力使求助家庭在物质上免受匮乏的威胁，心理上能够得到舆论的正面回应，以促进家庭成员社会功能的改善与提高。也有研究基于国际经验，强调我国社会政策应该更好地保障家庭获得现金帮助（减免税及儿童或家庭津贴）、工作福利（休假制度、教育补贴）、家庭服务和法律（婚姻及收养）等。

最后，是家庭社会工作具体技术研究。一方面是家庭评估技术的研

① 张秀兰，徐月宾．建构中国的发展型家庭政策［J］．中国社会科学，2003（06）：84-96+206-207.

② 姚金丹．社会工作增能视角下失独家庭的分析［J］．社会工作，2012（10）：24-27.

究，主要包括家庭结构图和家庭生态图。有研究认为家庭结构图不仅是解释和分析治疗的工具，更是有效诊断和系统评估的工具，主张高校教师应将绘制家庭结构图的能力视为其培养和考核专业学生的一项重要指标。而郝彩虹则将家庭评估技术视为专业人员开展家庭社会工作的核心，认为家庭结构图可以帮助家庭社会工作者快速清晰地厘清家庭的结构、家庭的社会经济地位、家庭关系以及重要的家庭事件等；而家庭生态图相对全面地呈现家庭的外部动力和家庭与环境间的互动，反映家庭和外部生态系统的关系，包括可资利用的资源和潜在的挑战①。另一方面是家庭干预技术，包括问题外化技术、观察技术、聚焦技术、提问技术、角色扮演技术、去标签技术等。肖来付认为家庭叙事疗法的问题外化、故事叙说、由薄到厚、预测信、特殊信等可以作为家庭社会工作干预的常用技术，并在协助家庭面对创伤经验和心理重建过程中具有更加自主和创新意义②。

（五）家庭社会工作的队伍建设

家庭社会工作队伍建设不仅需要相应的人才支撑，更需要持续的教学科研培育，相关的学者主要围绕家庭社会工作人才队伍和人才培养开展研究，已有研究多集中于对已有理论、模式进行验证研究，而对新模式的归纳、发展缺乏关注。一方面，伴随着中共中央十六届六中全会提出“建设一支庞大的社会工作人才队伍”以来，家庭社会工作人才队伍建设就提上了研究日程。赵芳的研究认为在目前国内家庭服务人员缺乏专业教育和训练的情况下，需要设置家庭社会工作的专业课程，开展相关的专业培训、行动研究和服务项目，促进一般性家庭服务向专业性家

① 郝彩虹．家庭社会工作实务的理论视野［J］．人口与社会，2016，32（02）：103-112.

② 肖来付．家庭叙事疗法及其启示［J］．医学与社会，2009，22（02）：57-59.

庭社会工作的转向①。汪艳玲则认为当前群团工作改革发展以及家庭服务实践发展的趋势都需要促进家庭社会工作人才队伍建设，并强调政府应提高家庭社会工作人才队伍的准入门槛并对其加大督导力度②。另一方面，诸多学者也强调通过社会工作的学科建设与教育发展来促进家庭社会工作的人才队伍建设。何静的研究认为随着高水平教学科研团队、社会服务素质提升以及学生就业创业能力发展的大势所趋，家庭社会工作课程可以采取“团队—体验式”的教学模式，围绕教学内容设计学习情境和学习任务，以团队教学和团队学习的形式，让教师和学生融入情境和任务中，通过情景模拟、角色扮演、游戏实践形成直观感受和感知，促进学生“在行动中学习，在学习中行动”，最终提升其专业核心能力③。也有学者通过具体的实践案例，提出了家庭社会工作课程的“角色拟剧教学法”，以期强化学生的主体学习动机，通过舞台化的形式提升学科建设的水平。

（六）家庭社会工作的域外经验

家庭社会工作源于西方，始于社会工作者早期对家庭的友善访问，并在不同国家体现出各具特色的服务理念和方法。而我国台湾地区和香港地区在家庭社会工作服务实践与研究过程中，也积累了大量的经验。

一方面，自20世纪70年代以来，欧美国家普遍开始研究、制定支持和扶持家庭的公共政策，并随后成立了专司家庭事务的政府职能部门，开展相关的专业研究。从研究实证经验来看，国外家庭社会工作重视儿童与父母之间的互动，并在家庭内部系统之中寻求问题的解决方法，重视改善家庭成员间的沟通模式以及针对自身的心态调整。从美国经验来

① 赵芳．家庭社会工作的产生、实质及其发展路径［J］．广东工业大学学报（社会科学版），2013，13（03）：53-57+93.

② 汪艳玲．家庭社会工作服务模式探析［D］．西安：西北大学，2012.

③ 何静．“团队—体验式”教学模式在家庭社会工作课程中的运用［J］．教育与职业，2015（06）：157-158.

看，家庭社会工作的发展不仅是一部从以经济帮扶为主逐渐发展为以专业家庭治疗为主的历史，也是从民间社会机构为主逐渐转变为由公共机构保护为主的演变历史，还是逐渐强化家庭功能并推进家庭成员发展特别是促进儿童健康成长的历史。王晓婷的研究发现，西方家庭社会工作以婚姻辅导为主，强调促进服务对象在婚前以及婚姻的存续期间，通过婚姻辅导促进家庭成员情感宣泄，梳理个体心理困扰，协调夫妻关系①。朱东武则认为伴随社会工作通用整合模式的发展，西方家庭社会工作也从原来注重对家庭中个人的咨询辅导，转向对家庭成员之间的互动、家庭和社区资源联结等方面的关注②。

另一方面，我国香港地区和台湾地区也在不断深化家庭社会工作的研究与实践，并形成了具有中华文化特色的服务模式与经验。自 2002 年 4 月起，中国香港特别行政区社会福利署先进行了 15 个综合家庭服务中心的试验，每个综合家庭服务中心由家庭资源组、家庭支持组和家庭辅导组这三层架构整合而成，以整合服务、建立伙伴关系、及早识别个人和家庭的需要、提供方便使用的服务为原则，并以“儿童为中心、家庭为本、社区为基础”为服务方向，在同一中心内提供一系列持续连贯的预防、支持和补救性的服务。这种崭新的家庭服务模式，旨在为个人和家庭提供全面、整合和一站式的服务以满足小区个人及家庭各式各样的需要。也有学者的研究认为，中国台湾地区的家庭社会工作重在对家庭的经济协助、对家庭成员的心理治疗、对家庭社会资源的整合以及家庭社会福利制度的配合等③。

---

① 王晓婷．“家和万事兴”：家庭社会工作发展研究［D］．北京：首都经济贸易大学，2015.

② 朱东武．发挥社区社会组织在反家暴中的作用［N］．中国妇女报，2016-10-28（A04）．

③ 郑广怀，向羽．社会工作回归“社会”的可能性——台湾地区社会工作发展脉络及启示［J］．社会工作，2016（05）：30-42+126.

二、中国特色家庭社会工作研究的本土反思

新世纪以来，我国家庭社会工作呈现出的状态是专业化引入和本土化探索齐头并进。我国改革开放40多年来，社会发生着巨大的改变，政治制度、经济制度、社会制度等多方面的进步与完善，使得家庭以及家庭成员不得不经受着来自社会、组织、同辈之间的压力，当家庭成员或家庭整体面临困扰的时候，协助其保持稳定的状态是维持社会和谐安定的重要条件。一方面，在本土化进程中，我国家庭社会工作研究在很大程度上体现了国家的政策导向，成果不断丰富，相关的理论基础与实务方法正在逐渐不断拓展和深化，并逐步形成中国本土特色的服务焦点和内容，包括面向失独家庭、空巢家庭、流动家庭、留守家庭以及亲子关系等重点议题；另一方面，在专业化发展过程中，我国家庭社会工作研究的能力、质量和水平不断提升，研究范式、研究框架、思维逻辑以及研究的运用性都有了较大的提升。这从一个方面充分说明了我国家庭社会工作研究紧跟时代发展步伐，对家庭社会工作相关领域的社会热点问题和困境保持着较高的敏锐度和感知度。

经过学界多年努力，中国家庭社会工作研究有了一定的基础，呈现了良好的发展势头，但毕竟我国家庭社会工作乃至社会工作发展历史较短。随着新世纪以来社会转型以及家庭变迁的不断深入，当代社会对家庭社会工作专业化和职业化的需求日益凸显，反思新世纪以来我国家庭社会工作研究状况，其依然存在以下几个方面的问题和不足：

首先，研究成果较为单薄。一方面，比之社区社会工作等其他领域，当前我国家庭社会工作的学术研究成果仍然较为单薄，尤其是高质量的研究成果、具有项目资助的研究成果较少，社会影响力较弱；另一方面，当前我国家庭社会工作仍然处于对西方理论和模式的“拿来”阶段，并且这种“拿来”没有经过具体化的、特色化的整合，大都直接引用西方

的概念用语和实务框架。近年来我国家庭社会工作领域的学者虽有意识地进行了一些反思和批判研究，但尚不能称其全面、系统。

其次，研究方法较为单一。当前家庭社会工作的研究主要集中于理论引介、案例分析以及政策建议几个方面。已有研究的案例分析报告都过于简单，只是对求助者的行为特征、治疗效果和干预过程作简单介绍，没有详细的治疗程序和治疗要素的阐释。同时，没有学者对一个案例进行比较长时间的跟踪研究和实证介入，缺乏相应的数据支撑和证据支持，导致相应家庭社会工作服务的信度和效度有待提升。

再次，研究缺乏本土特色。虽然不少研究对西方家庭社会工作的理论、模式以及服务经验进行了适度的介绍和总结，但并没有有机结合东方文化以及中国实际进行阐述和分析；虽然也有研究对中国本土家庭社会工作实务经验进行了总结和反思，但并没有形成体现中国本土“家文化为本”的家庭社会工作服务模式和技术；虽然也有研究尝试结合中国本土文化结构、中国家庭实际状况、中国社会转型现实对家庭社会工作进行了反思和重构，但依然没有形成中国特色的家庭社会工作服务理念、理论和体系。

最后，研究缺乏团队支撑。目前，我国家庭社会工作研究主要还是以各大高校社会工作专业教师的个人兴趣和实务领域为主，缺乏较为稳定和高质量的研究团队、创新团队以及项目支持，难以形成家庭社会工作学术成果的积累和叠加，相应的研究层次、研究质量以及社会影响都会受到极大的限制，反而不利于专业的发展与壮大。

三、中国特色家庭社会工作研究的趋势展望

走进新时代，家庭社会工作是家庭服务现代化的必然选择。健全家庭政策、发展家庭社会工作、构建家庭支持网络，应成为我国家庭社会工作实践与研究发展的方向。为了适应这种新形势发展的需要，相关研

究也要持续深化、拓展和创新，不断提高研究的理论水平和运用成效。

首先，要借鉴国际研究经验，完善本土研究框架。家庭是全世界都普遍存在的社会基本组织，家庭社会工作也是全世界社会工作服务发展的重中之重。因此，我国家庭社会工作的研究与实践，既要吸收借鉴其他国家和地区的成功经验，也要结合我国具体国情进行本土化与在地化发展；既要融合中西不同“家文化”元素探索本土化发展路线，也要回应时代议题，利用家庭社会工作专业知识解决本土实际问题。尤其是要充分利用国际社会解决家庭问题的经验，充分探索社会工作在服务留守家庭、流动家庭、失独家庭、空巢家庭、家庭暴力、家庭教育以及婆媳关系方面的专业优势、服务经验、实务智慧以及运用技术。

其次，要对接国家发展需要，提升专业核心能力。家庭社会工作的研究最终目的是提升家庭社会工作者的能力和水平，体现服务的核心竞争力。因此，未来家庭社会工作研究要面向宏大的人才队伍建设目标。一是要从学术上厘清家庭社会工作的核心能力要素、评价体系等，为相关的服务和研究工作提供方针与指南；二是要整合多学科力量和视角，加强家庭社会工作人才培养、服务机构、政策保障体系等的研究，通过研究力量的壮大来促进研究质量的提升；三是要整合社会资源，促进家庭社会工作的研究与决策咨询、社会服务以及人才培养的结合；四是要着力研究并促进政府购买家庭服务、家庭社会工作人才队伍建设以及家庭社会福利服务体系建设等重大议题，加快我国家庭社会工作纳入党和政府重大决策和战略部署的进程。

再次，要不断创新研究方式，提升研究成果的影响力。未来家庭社会工作的研究，要适应新时代学术研究、文化传承以及社会服务等多样性目标和功能的趋势，从多个角度、多种方法以及多元范式来推动家庭社会工作的专业化发展。一是要推动实证调查研究在家庭社会工作服务中的运用，充分运用全国人口普查、各类家庭统计资料以及专业性统计报告的数据来支撑大范围的需求评估、项目策划与成效评估，从而促进家庭社会工作实践与服务的证据为本性；二是要高度重视家庭社会工作服务原则、哲学基础、理论视角、分析框架以及规范流程等方面的研究，从理论高度和深度阐释清楚家庭社会工作服务的哲学和理论；三是要不断拓展家庭社会工作的行动研究，将研究成果运用到前线服务中，并从前线服务中总结新的模式和经验，创新性的服务方法与技术；四是要进一步促进政策分析成果的丰富，尤其是要将相关研究成果转化成社会服务的实际动能和效能。

最后，要形成学术研究团队，构建本土特色体系。作为综合教育学、社会学、心理学以及文化人类学等诸多学科的交叉学科，家庭社会工作研究需要不断提升自身的本土化、专业化及学科化地位，强化社会工作研究促进家庭服务发展的功能和意义。在未来发展举措的选择上，应该不断推动家庭社会工作研究的多方合作和联动，既要发挥前线实务工作者的服务潜能和实践智慧，也要激发理论工作者的学术灵感和创新思维，为家庭社会工作的学科化积蓄力量。一方面，要加强政府间、机构间以及政府与机构之间的资源、信息共享，促进各部分家庭社会工作研究与实践的落实与合作。具体来说，各地区的妇女联合委员会、家暴干预中心、公安部门、各类社区机构大众传媒都可以参加到行动研究中来，从而提升团队研究的魅力。另一方面，要不断思考和探索中国特色家庭社会工作理论、实务以及政策体系的建设，讲清楚新时代家庭社会工作为何、何为以及作为的问题，即引导研究者积极探索中国特色家庭社会工作服务的文化基因、历史传承、研究方法、内容体系以及理论框架，积极探索构建中国特色家庭社会工作服务体系所应该包含的具体内容及其具体表述，从而最大限度地促进我国家庭社会工作服务的发展。

第五章　迷茫与超越：新世纪我国学校社会工作研究

新世纪以来，伴随学校青少年问题以及学校教育重要性的日益凸显，学校社会工作日益成为社会工作发展的核心领域，并得到学科专家以及实务工作者的日益重视，并在近 20 年的实践、服务和研究过程中取得了丰硕的成果。通过对相关核心文献的回顾梳理与综合分析，可以把握新世纪以来我国学校社会工作研究发展的主要议题与历史脉络，并在研究综述的基础上展望未来研究的趋势，以此致力于构建中国特色学校社会工作的理论体系、学术体系以及话语体系。

一、中国特色学校社会工作研究的主要议题

（一）学校社会工作的价值伦理

价值伦理作为学校社会工作中的重要议题，近年来越来越受到专家学者以及业内人士的广泛关注，随之而来的相关研究也在不断发展丰富。但在具体实践的过程中，也常常呈现出伦理守则、伦理困境以及伦理反思上的差异性，这些差异性也在相关研究中有所体现。

首先，是伦理守则研究。已有研究普遍认为学校社会工作应该遵守保密原则、服务对象自决原则、生命至上原则、价值中立原则以及最小伤害原则等，但具体服务情境下的伦理守则研究还有待加强。周志荣认

为高校学生社会工作应遵守以学生为本、保护弱者、善用顾问资源、尊重与真诚、保护生命、完全平等与差别平等、最小伤害和保护隐私等八个原则①。

其次，是伦理困境研究，主要包括学校社会工作伦理守则在具体运用中所遇到的张力和冲突。有学者认为学校社会工作伦理困境表现在是否坚持服务对象自决原则的困境、是否坚持价值中立的困境、专业关系与两重和多重关系带来的困境和多方利益冲突带来的伦理困境四个方面。肖方栋则认为学校社会工作中的伦理困境表现在服务对象自决与社工干预的伦理困境、服务对象隐私权与家长知情权和监护权的伦理困境、服务对象价值观与社工价值观冲突的伦理困境、多重关系冲突的伦理困境和服务对象利益与其他利益冲突的伦理困境五个方面②。

最后，是伦理反思研究。对于普遍性的伦理议题，大部分研究都有着统一的认识，但对于案主自决原则还存在分歧。有学者认为案主自决原则是基本原则，但需要服务对象处于理性状况并不会伤害自己或他人；如果意识到服务对象存在错误的自决时，则应通过面质的方法协助服务对象觉醒。也有学者强调需要完全尊重服务对象自决的权利，不胁迫服务对象作出违背其个人意愿的决定，并认为服务对象才是问题的主要解决者，其中的一些不良感受对于服务对象的成长与改变能够起到正向的激励作用。

（二）学校社会工作的理论视角

首先，是优势视角的研究。不同学者对于优势视角介入学校社会工作有着深入的探讨。侯童等分析了优势视角下学校社会工作辅导的基本

① 周志荣．高校辅导员伦理困境及其应对原则——基于学校社会工作视野［J］．河北农业大学学报（农林教育版），2015，17（05）：79-82.

② 肖方栋．学校社会工作实务中的伦理困境浅析［J］．南方论刊，2013（09）：54-56.

理念、介入策略和反思，并提出了学校社会工作包括此时此地、外化提问、积极回应、寻求代替、亲身体验与回归日常六个方面的具体策略①。田国秀等基于优势视角的危险性因素、保护性因素和抗逆力三因素分析，通过行动研究指出学校社会工作包括激活内在保护因素、优化内在保护因素、搭建外在保护因素三个策略②。

其次，是抗逆力视角研究。当前研究中存在着将抗逆力教育纳入学校社会工作日常事务的普遍观点，并表现为多样性的研究结论。苗艳梅基于行动研究认为中职生抗逆力较弱，而小组活动能够强化其内在保护因素，促进中职生与家庭、学校的正向联结等外在保护因素③。而裴小茹则在面向外来务工子弟学校提供服务的过程中，探索了基于个案辅导、小组工作以及家校社区合作三位一体的抗逆力养成路径与方式④。

再次，是生态系统视角研究。陈静等在系统视角指导下构建了以组织架构系统性、工作对象多样性、介入手法整合性为特征的高校学校社会工作框架体系⑤。张燕婷则从微观、中观、外部和宏观系统四个层面探讨了生态系统理论在学校社会工作实践中的具体策略，包括需求分析、资源链接以及跨专业团队整合等⑥，并设计了具体的处理模式流程图。

最后，是其他理论的研究。在本土化与专业化的过程中，学校社会工作还不断发展和运用了类似推拉理论、标签理论、赋权理论、场域理

① 侯童，玉禾．优势视角的学校社会工作辅导策略探析［J］．首都师范大学学报（社会科学版），2011（02）：65-70.

② 田国秀，侯童．优势取向的学校社会工作辅导路径探析——对学习困境中学生实务介入的个案研究［J］．中国青年政治学院学报，2012，31（01）：138-142.

③ 苗艳梅．抗逆力视角下学校社会工作实践研究——以武汉市某职业中学服务项目为例［J］．中国青年社会科学，2017，36（05）：40-47.

④ 裴小茹．学校社会工作介入外来务工人员子女抗逆力养成——以上海市 MH 区 X 学校为例［J］．社会工作，2012（11）：71-73.

⑤ 陈静，叶丽凤．系统理论下的高等院校学校社会工作架构［J］．上海大学学报（社会科学版），2002（06）：104-106.

⑥ 张燕婷．学校社会工作的本土化实践——基于生态系统理论的地方性探索［J］．学海，2015（03）：59-64.

论和嵌入理论等理论视角。方林红基于标签理论探索了学校社会工作需要坚持淡化不良“标签”色彩、寻找代替、再现真实体验和区别服务等四个具体策略①。也有学者通过影像发生创新特殊教育学校的社会工作服务，构建了批判性青年赋权维度与赋权青年经验两个角度的介入策略。洪佩等基于布迪厄场域理论，认为学校社会工作服务的入场困境表现为角色模糊不清、专业性受疑、资源难以获取以及自主性缺乏等方面，因此需要不断创新专业服务的场域空间②。

（三）学校社会工作的介入路径

首先，是预防型介入研究，指的是学校社会工作在问题预防层面上的介入方法与介入策略的探讨，主要围绕以下四个方面开展：一是犯罪预防研究，主要是从学校社会工作层面开展犯罪预防教育，包括家庭亲职教育、学校教育辅导以及完善社会治理等。二是校园暴力预防研究。有学者认为应该从学校德治和法治教育、心理辅导、隐患消除以及改善师生关系十个方面构建校园暴力应急机制。三是自杀预防研究。杨亮承等认为应将社会工作的方法技术介入大学生心理与行为服务体系以及日常校园生活中，从而构建全生态的高校社会工作服务体系③。四是偏差行为预防研究。学者们大多认为学生的偏差行为需要建立更为精准化、人性化、动态化以及智能化的监控体系，从而做到防患于未然。

其次，是治疗型介入研究，指的是学校社会工作对具体的心理、行为、精神问题的介入和康复治疗的探讨，主要围绕以下四个方面：一是心理问题介入，相关研究成果较为丰富，跨度也较大，但大多都有统一

---

① 方林红．标签理论视野下的学校社会工作优化策略——以高职院校为例的探析［J］．四川民族学院学报，2012，21（06）：79-82.

② 洪佩，王杰．学校社会工作的入场困境与实践策略——基于布迪厄场域理论的分析［J］．社会工作与管理，2016，16（06）：13-18.

③ 鲁可荣，杨亮承．大学生自杀预防干预机制缺陷与学校社会工作介入［J］．社会工作（下半月），2010（05）：39-41.

的介入模式，包括从预防性、治疗性、发展性和协调性四种模式开展心理健康教育①。二是偏差行为介入。李晓凤等认为学校社会工作者可以从服务对象自身及其所处的家庭、朋辈、学校和社区环境入手开展分析评估，通过团体辅导、社区矫正以及个案管理等方法达成思想和行为纠偏的目的②。三是精神问题介入。有学者认为社会工作对于学校的精神健康问题具有较好的介入效果，并以震后灾区青少年以及教师的精神健康辅助服务为例开展了证据为本的服务实践。四是康复治疗介入。沈文伟等在震后灾区学校社会工作服务经验的基础上，认为学校康复社会工作需要坚持社会包容和专业合作原则，最终实现全人康复、家庭为本和社区发展的目标③。

其次，是发展型介入研究，指的是学校社会工作促进服务对象个人自我以及社会功能的探索，主要包括以下四个方面：一是思想政治教育。当前研究普遍认为应将社会工作理念引入思想政治教育中，辅之以多样性的社会工作方法进行辅导与介入，形成学校社会工作介入思想政治教育的路径。二是心理辅导。洪庆喜则强调社会工作介入学校心理辅导需要更加突出整体环境关注、正向能力发展以及社会预防效果等④。三是学业辅导，主要从心理学、社会学、社会工作学等综合框架出发，构建学校—学生—教师—家长合作的辅导体系。四是就业辅导。林新生等从社会工作的生态系统观出发，分析了影响大学生就业力水平的重要因素，

① 姜峰，易钢，李传玲．学校社会工作介入大学生心理健康教育的模式探讨［J］．河南社会科学，2008（04）：195-196.

② 李晓凤，佘双好．青少年偏差行为研究——兼论学校社会工作辅导的介入空间［J］．当代青年研究，2004（03）：22-25.

③ 陈会全，沈文伟．论灾后学校康复社会工作的基本原则：基于汉旺经验［J］．社会工作（学术版），2011（10）：19-22.

④ 江苏省大学生创新计划项目组，洪庆喜，李全彩．学校社会工作介入中学心理咨询与辅导的必要性及介入措施的实务研究——以H市16所中学为例［J］．社会工作（下半月），2010（03）：49-52.

并构建了大学生就业促进的增能整合模式①。

最后，是社区—学校型介入研究。有学者认为高校学生社区管理在价值理念、工作机制、方式方法、服务内容以及人才队伍方面均存在诸多问题，因此需要从社会工作视野出发树立高校学生社区管理的人性化理念、专业化方法、职业化队伍以及精准化机制。任晓秋等则认为学校社会工作可以通过“四点半学校”的托管服务促进学校—家庭—社区的合作，从而保障学生的最大利益②。

（四）学校社会工作的发展模式

首先是专业化发展模式研究。我国学校社会工作自2002年在上海开始实践以来，在专业化的道路上也是不断探索与前进，但目前尚未形成具有统一性的学校社会工作实践体系。有学者就认为我国学校社会工作专业化发展中存在本土化理论和模式缺乏、专业定位不清晰、制度化与职业化进程缓慢以及专业人才队伍缺乏的问题。王佳则在此基础上，提出我国学校社会工作专业化发展需要在人才队伍建设、实务服务拓展、本土模式探索以及社会资源整合四个方面发力③。

其次是职业化发展模式研究。2002年，上海浦东新区试点推行了“一校一社工”制度，开始了政府主推学校社会工作职业化发展的序幕，并在深圳特区等地区有所深化和发展。但也有研究发现，这些职业化发展模式并没有得到有效巩固和示范性推广，当前职业化发展模式依然以高校社会工作专业实习服务为主，并没有上升为社会政策层面。

再次是制度化发展模式研究。在汶川地震灾后学校社会工作服务项

① 肖慧欣，林新生．学校社会工作在提升大学生就业力中的功能与模式［J］．福建医科大学学报（社会科学版），2012，13（01）：36-40.

② 任晓秋，周纯义．社会工作介入社区“四点半学校”初探［J］．现代教育科学，2011（10）：50-51.

③ 王佳．学校社会工作本土化实践与专业反思——以深圳市Y区为例［J］．社会工作，2013（04）：108-112+155.

目经验总结的基础上，史柏年结合具体的历史条件和时机，创造性探索了社会工作与学校教育制度的衔接、社会工作岗位设置和专业服务方法与规程三个方面的可行性及其具体策略①。

最后是本土化发展模式研究。学校社会工作在本土化发展中呈现出多种发展路径：一是本土化反思性研究。伊敏基于青海学校社会工作站的经验，认为学校社会工作需要包括专业推介、专业服务试点以及正式建立社工站三个阶段②。二是本土化理论性研究。有学者将生态系统理论运用于学校社会工作具体实践，并构建了具体的干预模型及机制。三是本土化探索性研究。刘志红则认为学校社会工作需要从明确学校角色定位、建立整合的服务模式以及构建专业团队三个层面构建本土化服务模式③。四是本土化思辨性研究。有学者根据学校社会工作的归属状态将其划分为体制外聘任模式、体制内并存模式和体制内整合模式三种模式，并指出体制内整合模式是实现学校社会工作本土化的最佳模式选择。

（五）学校社会工作的实务领域

目前，学校社会工作的实务领域涉猎广泛、内容丰富、群体多样。综合服务群体、服务场域以及服务机制的特点，可以从以下四方面来综合归纳：

首先，是学前教育社会工作研究，主要关注生理与智力损伤儿童及丧失生活自理与照顾的儿童服务。刘斌志认为社会工作介入特殊需要儿童的预防、教育、康复与职业训练，不仅符合全纳教育发展的大趋势，更是国际社会早期疗育服务发展的成功经验。因此，社会工作需要积极介入特殊儿童的筛选评估、专业服务、团队沟通以及政策倡导，并通过

---

① 史柏年．学校社会工作：从项目试点到制度建设——以四川希望学校社会工作实践为例［J］．学海，2012（01）：90-93.

② 伊敏．“本土化”学校社会工作的探索——基于青海 L 学校社工站的实践［J］．青海师范大学学报（哲学社会科学版），2014，36（01）：27-30.

③ 刘志红．学校社会工作的本土化研究［J］．社会工作，2006（12）：36-39.

学科建设、人才培养、职业支撑以及社会宣传促进社会工作在学前教育服务中的融合式发展[①]。不少学者则以具体的服务实践与案例分析探讨了社会工作服务听障、视障、自闭症儿童以及其他特殊需要儿童的服务模式与创新。

其次，是小学学校社会工作研究，主要包括以下领域的探索：一是流动儿童领域。有学者就流动儿童心理健康存在的问题，探讨了社会工作干预的基本理念、工作机制以及服务策略。二是留守儿童。赵映雪等认为社会工作介入留守儿童服务具有场域、专业、方法与角色四个方面的优势，并构建了问题导向的个案工作、学生导向的小组工作、家长导向的咨询服务和学校导向的综合性服务四种社会干预模式及其具体技术[②]。三是寄宿学校领域。有学者在对寄宿学校学生需求与风险分析的基础上，从危机干预模式、增权模式、生态系统模式三大模式构建了学校社会工作介入寄宿学校的模式。四是打工子弟学校领域。刘慧涵从“家庭—学校—社区”学校社会工作模式出发，构建了小组活动、家庭教育以及资源链接三种打工子弟学校社会工作服务的具体方法[③]。

再次，是中学学校社会工作研究，主要包括以下领域的探索：一是学业促进方面。有学者以优势视角为理论基础，构建了激活内在保护因素、优化内在保护因素、搭建外在保护因素三个辅导学生走出学习困境的辅导策略。二是校园暴力方面。孙凌寒等从个人、家庭和学校三个方面探讨了校园暴力产生的原因，并从预防的角度出发提出亲职教育和家庭生活教育的介入策略[④]。三是心理调适方面。有学者分析了艾德森学校

---

① 刘斌志．论特殊教育中社会工作支持服务的拓展［J］．中国特殊教育，2010（06）：13-17.

② 赵映雪，陶宇．农村留守儿童的学校社会工作介入［J］．青少年研究与实践，2016，31（03）：76-80.

③ 刘慧涵．北京打工子弟学校的困境及学校社会工作的介入——以北京石景山HA打工子弟小学为例［J］．社会工作（下半月），2010（09）：40-42.

④ 孙凌寒，朱静．校园暴力与学校社会工作［J］．河北青年管理干部学院学报，2005（04）：91-94.

社会工作模式与“学校—家庭—社工”联动模式在中学生心理健康教育中的应用，并从抗逆力角度出发探讨了个案辅导介入和小组工作介入的具体策略。四是德育教育方面。张大维等认为软性嵌入是学校社会工作介入学校德育教育的有效途径，并系统论述了其所包含的形成初步介入空间、介入空间制度化以及发挥服务对象主体性的三个逻辑步骤①。

最后，是高校学校社会工作研究，主要包括以下领域的探索：一是心理健康方面。有学者认为大学生心理健康是受家庭环境、社会环境、学校环境和个人因素的综合影响，因此需要从家庭辅导、学校教育、社区营造以及个别咨询等角度开展社会工作服务。二是思想政治教育方面。易钢等认为学校社会工作介入思想政治教育有观念和方法的创新和价值，并希望促进社会工作的发展②。三是职业发展方面，已有研究强调社会工作推动职业咨询、职业辅导以及职业培训服务的深化与拓展。四是新生适应方面。谢钢等基于大学新生入学身心状况的资料掌握，强调社会工作为新生提供服务要注重整合社会资源、开展朋辈辅导以及社会融合等策略的运用③。五是网络借贷方面。有学者认为应该运用个案管理方法协助借贷学生克服心理、家庭、社会以及精神方面的问题，并通过社会政策促进良好的社会氛围。

（六）学校社会工作的地方实践

首先，是华东地区实践研究。作为最早开展专业实践的地区，上海在学校社会工作的制度化、本土化和专业化建设上有着丰富的实践经验，同时依托当地高水平理论研究成果引领着专业发展的方向。吴凯铭的研

① 张大维，郑永君．软性嵌入：学校社会工作介入德育教育的行动策略——基于武汉两所学校的社会工作介入实验［J］．中州学刊，2015（07）：84-88.

② 易钢，肖小霞．学校社会工作与学生思想政治工作创新［J］．高教探索，2007（06）：94-96.

③ 谢钢，刘娜．大学新生适应问题的研究——从学校社会工作的视角［J］．内蒙古师范大学学报（教育科学版），2010，23（11）：78-80.

究依据专业化的评价维度进行评析，发现上海学校社会工作实务存在着政府推动不足、专业化水平不高以及行政化倾向严重的问题，并据此提出上海地区发展学校社会工作的具体策略①。

其次，是华南地区实践研究。深圳自2007年下发社工“1+7”文件后，学校社会工作开始以重点中小学为试点派驻社工开展服务，同时政府也孵化出了一批专业学校社会工作机构从事学校社会工作服务，相关服务逐渐向系统化、制度化、国际化的方向发展。有学者认为深圳市学校社会工作开展取得了宝贵的地方经验，但也面临着政策制度设计、机构间交流合作断裂、内部机构管理、驻派学校和学校社会工作者自身等多方面困境，因此需要在政策规范、制度完善、关系协调、能力建设等方面有所创新和发展。

再次，是华北地区实践研究。有研究发现，华北地区的学校社会工作实践最早通过社会工作专业学生实习进行开展，通常进入到中小学校或者打工子弟学校进行实习，并逐渐形成了高校学校社会工作、打工子弟学校社会工作、职业院校的学校社会工作和培智学校的社会工作四类服务类型或模式。

最后，是中西部地区实践研究。中西部地区学校社会工作的实践发展，早期依托高校课程实践进行开展与探索。2008年之后，四川部分地震灾区通过政府购买学校社会工作服务方式开始尝试推行“一校一社工”，形成中国特色的四川抗震希望学校社会工作服务模式。但也有学者研究认为西部地区学校社会工作发展存在国家政策有待健全和完善、学校社会工作制度不健全、区域性发展不平衡、社会大众认可度低、学校配合不足、专业机构不到位和缺乏专业服务队伍等方面的问题，因此需要不断建立健全相关社会政策，加强学校社会工作影响力，培养专业人才队伍，促进试点经验总结和模式推广。

---

① 吴凯铭．上海学校社会工作实施模式研究［D］．上海：复旦大学，2011.

（七）学校社会工作的域外经验

首先，是美国经验的研究。美国学校社会工作经验对我国学校社会工作发展的影响较大。我国最早的学校社会工作研究肇始于肖乐于 1989 年编译了美国《社会工作概论》（1980 年出版）一书中的学校社会工作内容①。随后，通过借鉴美国经验开始了我国学校社会工作的探索与研究之路。其中，鲁艳桦系统梳理了美国学校社会工作所经历的传统临床模式、社区学校模式、学校变迁模式和社区互动模式，并就每种模式对我国开展相关实务的经验与启示进行了探讨②。程晋宽在对英国、美国和加拿大的学校社会工作发展进行比较分析的基础上，认为各国学校社会工作发展模式虽然各有差异，但在价值观、目的和原则上都有着共通之处，因此我国学校社会工作的发展需要增强文化自觉、制度自信与理论创新③。

其次，是英国经验的研究。有学者指出在英国学校社会工作是不常用的概念，当地教育局及政府将之称作“教育社会工作”或“教育福利服务”，而从事这一工作的被称为“教育福利官员”，他们不受雇于学校，而是根据社会服务部门规定为儿童和家庭提供单独的社会服务工作，更为关注儿童权益保护问题。

再次，是日本经验的研究。有学者认为，日本的学校社会工作实践开始于 20 世纪 90 年代，并且也主要是借鉴美国经验。黄辛隐阐述了日本学校社会工作的现状、理论基础、具体工作内容和方法，同时认为日本学校社会工作面临着人才培养、经费预算、制度保障、认识统一和社会

① 肖乐．美国的学校社会工作［J］．青年探索，1989（06）：47-49.

② 鲁艳桦．美国学校社会工作发展及其启示［J］．教学与管理，2011（12）：156-158.

③ 程晋宽．信息社会英国、美国、加拿大学校社会工作的比较［J］．外国中小学教育，2011（10）：7-12.

福利五个方面的挑战①。

最后，是我国香港地区经验的研究。我国香港特区较早建立了学校社会工作制度，有研究将香港学校社会工作划分为民间开展时期（1965—1978）、政府推行时期（1979—1990）、整合实施时期（1991—1997）和综合模式时期（1997—2014）四个时期，并认为香港地区学校社会工作的专业化与制度化建设较为成熟，对于我国内地的学校社会工作发展有着许多的可鉴之处。有学者研究认为香港学校社会工作主要采取传统临床模式进行介入，并不断形成了自身清晰的理论基础、工作方法和管理体制。管向梅在阐述香港地区学校社会工作发展脉络以及经验基础之上，强调我国学校社会工作要加强政府的主导作用，积极推行实务拓展，体现地方特色和经验②。

二、中国特色学校社会工作研究的本土反思

进入新世纪尤其是2008年汶川地震灾后以来，我国学校社会工作从借鉴域外经验向本土实务拓展阶段不断迈进，并逐渐形成了本土特色的制度、机制与模式，也取得了一定的研究经验与成果，具体表现为：一是研究成果不断丰富。自2002年我国开展专业化的学校社会工作研究以来，经过18年的发展和积累，相关研究成果已经达到了400多篇，并以每年50多篇的速度递增，也有越来越多的成果获得各类基金资助或者发表于各类专业核心期刊之中，大大体现了学校社会工作研究的方兴未艾。二是研究领域不断拓展。近年来，学校社会工作研究内容和领域从早期的经验借鉴迈向本土实务探索，从理论探讨迈向行动研究，从政策倡导到服务督导，从中学社会工作拓展至幼儿园社会工作、高校社会工作以

① 黄辛隐．日本学校社会工作现状及发展探析［J］．苏州大学学报，2006（04）：108-112+116.

② 管向梅．香港学校社会工作制度及其启示［J］．社会，2004（04）：47-49.

及特殊教育社会工作等，相关的理论建构和模式提炼也逐步推展。三是本土模式不断加强。在上海、深圳、汶川灾区开展学校社会工作服务实践的基础上，相关研究不断注重对于本土学校社会工作服务实践、服务案例以及服务程序的了解和探讨，关注学校社会工作的模式提炼。2018年8月25—26日，中国社会工作联合会、中国社会工作教育协会、中国社会工作学会等单位在北京联合主办了第七届国际学校社会工作研讨会，向国际社会介绍和宣传了本土学校社会工作服务的实务与经验，提升了我国学校社会工作的国际专业话语权。四是学科视野不断扩展。早期的学校社会工作研究主要从教育学、社会学以及心理学等学科视野出发，主要关注有问题的学生应对，采取的是治疗性服务模式；后来，学校社会工作不断从人类学、民族学、伦理学、犯罪学、生态学以及文化研究等学科借鉴研究范式和批判工具，从而大大提升了学校社会工作的反思批判以及学术创新能力。

与此同时，与日新月异的国际社会研究进展以及广大师生家长的教育需求相比，我国学校社会工作研究依然面临以下局限和不足：一是成果质量有待提高。学校社会工作研究较为注重域外经验研究与探索性研究，在实践反思研究与总结研究上较少，一方面表现为我国学校社会工作实践较少，尚未确立明确的学校社会工作体系，以至于在哲学思考、实践反思、制度建设以及人才队伍建设等方面的研究较为薄弱；另一方面，学校社会工作实务主要以华南和华东部分地区实务以及全国高校教师领办社会工作机构的服务为主，全国缺乏相应的制度支撑以及政策支持，相关研究的“天花板”有待突破。二是研究维度有待扩展。现有研究维度主要参照域外学校社会工作框架，本土特色的学校社会工作理论框架、实务体系、思维范式等研究维度仍有待扩展。与此同时，有特殊需要的学生、突发状态的学生、困难群体的学生以及智力超常的学生需求并没有得到有效满足，亟须扩展相应服务领域与实务模式。三是核心能力不够明确。我国学校社会工作发展至今，如何有效嵌入现有教育体系、如何形成相应政策支持体系、如何体现专业核心竞争力，依然有待更进一步的实务探索与研究支撑，尤其是对于学校社会工作的核心能力及其指标体系依然有待探索与总结。四是学科体系尚未成型。虽然已有学校社会工作研究有一定的量和质的提升，并形成了一定的本土特色和模式，但建构中国特色学校社会工作的理论体系、学科体系以及话语体系依然任重而道远。

三、中国特色学校社会工作研究的未来展望

作为社会工作学科中的经典传统与核心领域，学校社会工作也不断面临教育改革、青少年发展以及家庭变迁等方面的冲击与挑战。因此，未来需要不断深化和增强中国特色学校社会工作的服务实践与理论研究，具体包括：

首先，要加强中国特色学校社会工作学科体系研究。一是要探索学校社会工作的学科范畴，尤其是要确立其“学校—家庭—社区—社会”的整合对象体系，明确其服务学生社会性发展的目标体系；二是要挖掘和梳理我国学校社会工作发展的历史经验、重要人物及其经典论述，尤其是要挖掘诸如陶行知、晏阳初、黄炎培、熊希龄等教育家的学校社会工作思想；三是要不断健全学校社会工作的教学体系，尤其是要结合中国特色建构相应的课程体系，编撰相应的系列教材，探索和总结本土的教学方法；四是促进学校社会工作的学科评价体系，尤其是要注重相应的伦理委员会建设，促进相应的学科共同体和组织建设，创办相应的研究机构与学术刊物，并逐步完善教学指导、督导和评估体系。

其次，要推动中国特色学校社会工作学术体系研究。一是要明确学校社会工作的政治属性，尤其要注重吸收中国共产党开展思想政治教育的经验，探索党领导下的学校社会工作特色；二是要开展学校社会工作的理论探索，尤其要注重在吸收国际经验的基础上，结合中国传统文化

与马克思主义关于人的发展理论，探索中国特色的学校社会工作哲学基础、学科理论以及实务模式；三是要不断拓展学校社会工作的学科视野，既要继承社会工作学与社会学的相关分析与服务经验，更要注重发挥心理学、教育学以及思想政治教育学的理论思维功能，还要借鉴人类学、民族学、伦理学、新闻传播学、文化研究以及自然科学关于促进学生能力及社会性发展的成果，充分体现学校社会工作理论体系的整合性与系统性。四是要不断创新学校社会工作的研究方法体系，既要注重人文主义和人本主义研究范式的传承，更要增强证据为本、循证为本以及干预研究方法的探索，还要注重马克思主义以上考古学、历史性方法以及批判性方法的运用。

再次，要提升中国特色学校社会工作话语体系研究。一是要形成学校社会工作的实践话语，尤其是要注重从汶川地震灾后学校社会工作以及城市流动人口子女学校社会工作服务实践中总结经验并形成本土特色模式，促进整个教育系统以及社会公众对学校社会工作服务成效的了解与认可；二是要促进学校社会工作的学术话语，尤其是要加强相关的实务研究、行动研究以及理论研究，让社会科学理论界听到学校社会工作者的声音和态度，看到其研究成果与学术态度；三是要推动学校社会工作的政策话语，尤其是要通过社会倡导促进学校社会工作者在教育系统、政务系统以及立法系统的声音与地位，推动相关政策法规的出台；四是要提升学校社会工作的国际话语，既要促进国内研究者的国际视野、国际交流与研究合作，更要将学校社会工作的中国特色面向国际社会发声、发表以及发展。

最后，要深化中国特色学校社会工作实务体系研究。一是要拓展学校社会工作服务领域的中国特色，既要深刻总结我国德育教育、思想政治教育、灾后学校教育、流动人口子女教育以及传统文化教育中的学校社会工作经验和模式，更要不断结合国家重大战略拓展服务领域，探索学校公共卫生社会工作、思想政治教育社会工作以及民族教育社会工作等服务领域；二是要不断完善中国特色学校社会工作的政策与制度，尤其是要注重社工与教育、心理、德育以及思政工作的结合与整合，创新学校社会工作融入既有教育系统的政策与模式；三是完善学校社会工作的能力与标准，尤其是要注重提炼和形成其核心能力与指标体系，加强相应的服务标准开发；四是推动学校社会工作的人才队伍建设，尤其是要形成相应的人才开发、培养、评价、使用、激励以及提升的制度与政策，最终体现中国特色学校社会工作的核心竞争力与社会价值。

第六章　维权与服务：新世纪我国工会社会工作研究

随着改革开放的不断深化以及工人队伍总量的不断扩大，企业组织形式、职工队伍结构、劳动关系形态以及利益分配格局等方面都发生了深刻的变化。工会工作急需以更加人本化的理念、更加人性化的服务、更加创新的方法去满足广大职工更加丰富而多元的服务需求。作为服务于广大职工社会服务需求的专业领域，工会社会工作在积极提供工会组建、权益维护、争议调处、困难帮扶、教育引导、人文关怀、职业发展等专业服务的过程中壮大和发展，并积累了一定的实践和研究经验。尤其是在2016年中华全国总工会、民政部、人力资源和社会保障部共同颁布《关于加强工会社会工作专业人才队伍建设的指导意见》（以下简称《意见》）以来，工会社会工作的理论与实践探讨进入了新时代，更面临着新形势和新任务。积极反思和总结已有研究的经验，展望未来发展的趋势和方向，是新时代中国特色工会社会工作发展的新使命。

一、中国特色工会社会工作研究的核心议题

（一）工会社会工作的价值伦理

一方面，自2006年《关于构建社会主义和谐社会若干重大问题的决定》颁布以来，学者逐渐认识到社会工作对于改善工会工作的理论意义，

并开始探索工会社会工作的现实价值，具体表现为以下三个层面：首先，是职工个人层面。学者谢晨认为当前工会工作的内容和形式越来越难以满足广大职工的多样性需要，而专业社会工作以人为本的理念和助人自助的原则更有利于工会提供人性化和专业化的服务，缓解劳资矛盾和纠纷，有利于维护职工的合法权益[①]。李林凤则认为工业社会工作作为职业社会福利资源的筹集和输送体系，可以为困难职工提供物质援助和社会支持，缓解其生活困难[②]。其次，是企业整体层面。王晓慧认为社会工作介入工会工作，不仅有利于创新工会工作方法和形式，更有利于促进工会工作的专业化，提供工会服务的可及性和群众性[③]。赵卫的研究则强调工会社会工作的发展，有利于化解劳资矛盾、增进劳资和谐、构建和谐劳动关系以及和谐企业[④]。最后，是社会文化层面。沈黎等认为在企业中发展工会社会工作，更大的意义在于保障劳工权益、增进劳工福利、促进劳动效率、转变政府职能，最终实现企业科学发展和构建和谐社会的目标[⑤]。王晓慧也认为工会社会工作具有促进和谐劳动关系以及和谐企业的意义[⑥]。赵卫进一步强调工会社会工作对于增强工会凝聚力以及社会凝聚力的社会价值[⑦]。

---

① 谢晨．运用社会工作理念开展科研型事业单位工会工作的策略［J］．中国社会工作，2017（10）：36-37.

② 李林凤．论工业社会工作方法在我国企业工会工作中的运用［J］．沿海企业与科技，2007（01）：165-168.

③ 王晓慧．论企业工会引入社会工作的意义及应用［J］．甘肃理论学刊，2011（04）：100-104.

④ 赵卫．吴江经济技术开发区企业工会组织社会工作项目计划［D］．武汉：华中师范大学，2013.

⑤ 沈黎，刘斌志．和谐企业视野下的工会工作与企业社会工作［J］．工会论坛（山东省工会管理干部学院学报），2006（06）：12-13.

⑥ 王晓慧．论企业工会引入社会工作的意义及应用［J］．甘肃理论学刊，2011（04）：100-104.

⑦ 赵卫．吴江经济技术开发区企业工会组织社会工作项目计划［D］．武汉：华中师范大学，2013.

另一方面，在各地工会领域开展社会工作服务探索的过程中，诸多学者也积极探讨服务过程中需要遵循的工作伦理和职业操守，为工会社会工作服务的发展保驾护航。总体来看，工会社会工作的伦理守则基于工会实际但又有所创新发展，融入了更多社会工作的专业要素。首先，工会社会工作需要建立核心伦理守则。朱勋克认为传统工会工作有其自身优势，但工会社会工作则需要基于“尊重、接纳、保密和案主自决”的核心原则，才能确保其服务的人本性和专业性①。杨洋则认为“助人自助”应该成为工会社会工作最核心的价值伦理，在此基础上增加“真诚、接纳、自决和个别化”的伦理要求②。其次，工会社会工作伦理守则需要更多融入中国本土特色。王惠的研究认为工会社会工作实际服务中，需要大力发扬社会工作的“助人为乐、以人为本以及生命影响生命”的职业伦理，整合广大职工的知情意识，注重职工的全面发展以及社会环境的改造③。最后，需要结合实际领域具体落实工会社会工作的伦理守则。冯敏良的研究认为社会工作介入高校工会工作，除了要坚持“助人自助”以外，更重要的是发挥广大教职工的主体性和利他心，发扬“施比受更为有福”“授人以鱼不如授之以渔”的精神情怀，将工会工作聚焦于认知转变、能力提升和信心恢复，而不是一时的物质帮扶或心理慰藉④。

（二）工会社会工作的理论视角

社会工作介入工会工作，不仅仅是对其伦理规范的借鉴和运用，更重要的是其专业理论的运用和演绎，具体包括：

---

① 朱勋克．工会社会工作的核心要务及发展策略［J］．理论与改革，2013（01）：110-113.

② 杨洋．新常态下工会社会工作介入高校工会的路径研究［J］．山东工会论坛，2016，22（03）：23-26.

③ 王惠．社会工作理念与方法在工会中的价值应用［J］．价值工程，2014，33（18）：325-326.

④ 冯敏良．高校工会的社会工作介入研究［J］．北京工业大学学报（社会科学版），2013，13（06）：35-39.

首先，是优势视角的运用。胡孝斌的研究认为，作为一种关注人的内在力量和优势资源的视角，优势视角的工会社会工作强调积极挖掘广大职工自身独有的潜能和社会关系的优势，从而实现传统工会工作向专业工会社会工作的转型①。冯欣雅的研究将优势视角理论运用到员工压力管理当中，强调通过社会工作来协助职工进行自我探索、压力管理以及情绪改善，促进职工的抗逆力和潜能②。

其次，是增能理论的运用。增能理论，又叫作增权理论、充权理论、赋权理论或者激发权能理论，强调的是通过个体层面、群体层面以及社会层面的赋权和增能，促进其潜能激发和社会功能。杨洋认为高校工会社会工作只要给予广大教职工足够的尊重、民主和自由空间，便能最大限度地发挥其内在的教学科研以及社会服务的潜能，从而实现高校工会工作的创新性发展③。李丽云的研究则从增权理论早期运用于困难群体的经验中吸取经验，探索了如何从个人层次、人际层次和政治层次给处于困难地位的职工开展赋权的实践，并提出了一些具体的工会赋权的策略④。

最后，也有研究从其他理论视角对工会工作进行创新性研究。杨洋从协同治理的视角出发，强调顺应群团工作改革和工会服务创新发展的要求，高校要积极开展工会社会工作人才队伍建设，并在坚持创新性与持续性、实效性与系统性、公平性与互利性三个相统一的基础上，构建制度、培育、保障、组织、信息和社会认可六位一体的工会社会工作协同创新机制⑤。基于劳动关系理论视角，高守雷认为社会急剧转型给工会

① 胡孝斌．社会工作者介入工会工作的可行性及对策［J］．社会工作（学术版），2011（11）：17-19.

② 冯雅欣．社会工作介入企业员工压力管理的研究［D］．北京：首都经济贸易大学，2015.

③ 杨洋．新常态下工会社会工作介入高校工会的路径研究［J］．山东工会论坛，2016，22（03）：23-26.

④ 李丽云．工会社会工作的实务研究［D］．武汉：中南民族大学，2013.

⑤ 杨洋．基于协同治理视角条件下的高校工会社会工作人才队伍建设研究［J］．北京市工会干部学院学报，2018，33（03）：18-23.

工作带来诸多挑战，因此需要建设工会社会工作人才队伍，建立健全工会社会工作岗位设置制度和职业资格制度，促进工会社会工作的职业化、专业化和社会化①。基于同样的理论视角，魏珺则认为将社会工作价值理念和方法技术运用到工会工作中，有利于帮助劳动者脱离困境，疏导心理压力；有利于协调工作环境内、外各种关系；有利于促进员工和用人单位的共同发展；有利于维护员工合法权益，维持社会秩序与社会和谐②。

（三）工会社会工作的方法技术

虽然我国工会工作在悠久的发展历史中，形成了很多行之有效的经验和方法，但新形势也迫切要求工会工作积极借鉴社会工作的专业方法和技术，促进工会工作在新时代的新作为。诸多研究都探讨了社会工作专业方法技术如何运用于工会工作创新，具体包括：

首先，是个案工作方法技术。王惠认为个案工作的情绪支持、家庭辅导以及增权赋能等技术有利于为有需要的职工提供压力疏导、技能训练以及家庭支持的服务，从而促进其更好地面对来自生产和生活的压力③。杨洋认为可以通过个案工作中“危机介入”“任务解决”“社会心理辅导”“行为治疗”以及“叙事治疗”等技术充实和提升工会工作的服务能力和成效，尤其是要发挥个案工作的关系建立技巧、沟通技术、关系维护技术以及个案管理的技术优势④。而王晓慧则强调了工会社会工作要继承传统工会工作在联络感情、关系维持以及文化建设方面的技术

---

① 高守雷．社会转型期工会工作面临的挑战及对策——以劳动关系为视角［J］．工会理论研究（上海工会管理职业学院学报），2011（01）：21-23.

② 魏珺．解决劳资纠纷的新视角：工会社会工作的功能及其应用［J］．社会福利（理论版），2012（06）：45-49.

③ 王惠．社会工作理念与方法在工会中的价值应用［J］．价值工程，2014，33（18）：325-326.

④ 杨洋．新常态下工会社会工作介入高校工会的路径研究［J］．山东工会论坛，2016，22（03）：23-26.

优势，积极拓展针对职工开展闲暇教育、生命教育、休闲咨询、情绪支持以及特长发挥等方面的技巧①。沈黎则强调拓展工会社会工作面向个体服务的理论模式，建立面向职工服务的精神分析理论、行为改变理论、人本辅导理论以及危机干预理论，为工会社会工作的技术发展奠定理论基础②。

其次，是小组工作方法技术。传统工会工作在组织职工开展群体活动方面有本土特色和优势，工会社会工作也要继承传统，不断拓展小组工作的方法技术，促进职工各类小组的发展。目前，工会社会工作已经拓展的小组工作类型包括兴趣娱乐小组、成长小组、支持小组、教育小组以及治疗小组等，并有持续的研究将这些小组类型运用于工会服务实践。杨洋在开展高校工会社会工作方法运用时，充分论证了小组在促进职工交流互动、经验分享、关系改善中的重要意义及其成效③。沈黎的研究则认为小组工作所具备的交流分享、分担支持以及教育感化等治疗要素在工会工作中具有独特优势，不仅可以组织资源共享和促进职工参与，更可以加强工会干部的思想政治教育④。袁培利则创造性地将小组工作方法运用到医院工会社会工作服务中，提升了医务人员的闲暇生活质量，预防了心理压力以及职业倦怠的产生，并通过小组互助活动促进了职业归属感和团队合作⑤。

再次，是社区工作方法技术。王惠认为工会社会工作中的社区工作

① 王晓慧．论职工闲暇与工会社会工作的介入［J］．中国劳动关系学院学报，2012，26（01）：39-43.

② 沈黎．工会社会工作：理念与方法［J］．工会理论研究（上海工会管理干部学院学报），2008（03）：17-19.

③ 杨洋．新常态下工会社会工作介入高校工会的路径研究［J］．山东工会论坛，2016，22（03）：23-26.

④ 沈黎．工会社会工作：理念与方法［J］．工会理论研究（上海工会管理干部学院学报），2008（03）：17-19.

⑤ 袁培利．基于社会工作理念及方法在医院工会工作中的应用研究［J］．转化医学电子杂志，2015，2（06）：167-168.

方法，就是通过开展社区宣传、教育以及营造活动，促进组织的文化建设、环境建设、组织建设、生产建设、生活建设以及福利建设，从而实现整个企业作为生命共同体的目标①。沈黎则认为工会工作需要更多使用社区工作方法去挖掘职工潜能，在以组织为依托的前提下，与社区保持密切的联系，引入社区有关健康、福利、休闲娱乐、教育等类的活动给职工，以更好地服务员工并协助员工解决面临的各种问题②。其他学者则强调了工会的社区工作方法要更加注重厂区社区自然环境、人文环境以及关系环境的改善；也有学者强调要积极促进企事业单位与社区的互动，促进资源共享、整合以及流动，促进职工友好型社区环境的建设。

最后，是社会行政方法技术。刘君认为，基于中国的具体国情，社会工作中的行政手段在行政事业单位工会中具有独特的专业优势③。冯敏良认为，工会社会工作中的社会行政就是将抽象的职工社会福利政策转化为具体的职工社会福利服务的过程和技术，其基本原则是为工会成员提供思想引导，为工会内部的日常工作提供技术指南④。李林凤则认为社会行政运用于工会社会工作，就是依照相关的劳动行政程序，妥善利用各种正式和非正式社会支持，促进职工社会福利政策的实施，向有需要的职工提供社会福利服务⑤。袁培利则研究发现，医院系统的工会工作者往往可以通过整合医院内外的政策资源和社会资源，为医务人员提供经济援助、心理支持、社会照顾以及文化建设方面的服务，这就是工会社

① 王惠．社会工作理念与方法在工会中的价值应用［J］．价值工程，2014，33（18）：325-326.

② 沈黎．工会社会工作：理念与方法［J］．工会理论研究（上海工会管理干部学院学报），2008（03）：17-19.

③ 刘君．社会工作对行政事业单位工会的有效介入分析［J］．财经界（学术版），2017（05）：138-139.

④ 冯敏良．高校工会的社会工作介入研究［J］．北京工业大学学报（社会科学版），2013，13（06）：35-39.

⑤ 李林凤．论工业社会工作方法在我国企业工会工作中的运用［J］．沿海企业与科技，2007（01）：165-168.

会工作的社会行政服务[①]。

（四）工会社会工作的发展模式

在社会建设和社会治理体制创新的大背景下，工会社会工作的发展已成为大势所趋，并形成了一些可行的服务经验，主要体现在专业化、职业化和本土化的探索，并形成了一些可供借鉴的研究经验。

首先，是专业化发展模式，就是在目前工会工作缺乏相应的学科和专业支撑的背景下，通过提升规范化水平来促进工会工作者以及服务的专业性。一方面，要培养专业的工会社会工作人才。谢晨认为要通过讲授式、研讨式、案例式、模拟式以及体验式的方法，对现有工会工作者有计划、分层次地开展线上线下结合的培训，提升其对工会社会工作相关理念理论和方法技术的掌握，建设一支专业的工会社会工作人才队伍[②]。另一方面，要促进工会社会工作者的知识和技术的专业化。沈黎的研究支持发展工会社会工作领域，通过社会工作的专业知识和技术，发掘职工在生活上、工作上的需求和困难，并通过整合既有的厂方资源和社会资源来解决员工的各种个人、家庭、人际关系以及社会适应问题[③]。

其次，是职业化发展模式，就是通过促进社会工作职业在工会领域的运用，建立健全工会社会工作的岗位、职称、薪酬以及保障制度，促进工会社会工作职业规范和职业地位的形成。刘斌志认为推进工会社会工作的职业化，一方面依赖于社会工作职业制度的形成，并促进工会系统明确工会社会工作的岗位、责任、规范以及考核等；另一方面还要促

① 袁培利．基于社会工作理念及方法在医院工会工作中的应用研究［J］．转化医学电子杂志，2015，2（06）：167-168.

② 谢晨．运用社会工作理念开展科研型事业单位工会工作的策略［J］．中国社会工作，2017（10）：36-37.

③ 沈黎．工会社会工作：理念与方法［J］．工会理论研究（上海工会管理干部学院学报），2008（03）：17-19.

进工会社会工作的社会宣传与引导，促进职业的社会认可度和美誉度①。在薪酬待遇方面，胡孝斌则强调要制定工会系统的薪酬待遇标准、工作考核评估机制以及优秀社工奖励表彰机制，促进其职业化进程②。

最后，是本土化发展模式，即是在承认我国工会工作优秀传统和本土智慧的基础上，充分挖掘我国工会工作的宝贵经验和方法技术，将其与社会工作结合，从而形成具有中国特色的工会社会工作体系。李晓凤认为，在将西方的“工会模式”直接引入我国企业社会工作服务的过程中，会遭遇文化风俗、职工需求、政治要求以及接受程度的差异，从而带来工会社会工作本土化的挑战③。在我国目前工会社会工作发展起步之时，王辰辰认为要从工会工作的基本宗旨和服务本质出发，结合社会工作发展的实际，构建具有中国特色的工会社会工作职业评价、人才培养以及服务拓展体系④。

（五）工会社会工作的实务领域

时代在发展，企业在改革，职工在成长，相应的服务需求也在不断提升。由此也要求工会社会工作不断拓展服务领域，丰富服务内容，提升服务质素，改善服务成效。十多年来，工会社会工作的实务拓展不断深入，形成了以下服务领域：

首先，是职工生活照顾服务。对职工的生活照顾是工会工作的主要任务，更是工会社会工作的核心使命，体现了专业的价值关怀和传统的

---

① 刘斌志．工会社会工作：美国经验与本土发展［J］．工会理论研究（上海工会管理干部学院学报），2008（03）：41-44.

② 胡孝斌．社会工作者介入工会工作的可行性及对策［J］．社会工作（学术版），2011（11）：17-19.

③ 李晓凤．企业社会工作“社区综合发展模式”的运作路径初探——以深圳某工业型社区的企业社会工作实务介入为例［J］．社会工作（学术版），2012，

④ 王辰辰．企业社会工作嵌入工会工作路径初探［J］．社会福利（理论版），2014（06）：34-37.

政治优势。一方面表现为对特殊困难群体的关怀，包括对职工中老、弱、病、残、孕及文化和技能缺乏者的福利服务，同时也包括对下岗职工、进城农民工等群体的社会功能促进。王晓慧的研究强调，作为扶贫济困的优良传统，通过组织互助互济、节日“送温暖”活动来帮助困难职工，体现了工会社会工作的社会主义特色[①]。冯敏良的研究也发现，高校工会社会工作的传统就包括了对处于困境中以及离退休教职工的帮扶和慰问，既包括传统的“送温暖”和“节日慰问”，也有专业性的生活照料、情感慰藉、危机介入以及社会支持链接等[②]。姜晓蓉的研究进一步提炼了工会社会工作帮扶困难职工的模式，包括摸底调查、档案管理、个案介入以及自强小组等四种模式[③]。另一方面，是促进职工的生活平衡。现代意义上的职工，并不仅仅只有劳动者一个角色，在工作之外的社会和家庭角色更应该受到重视。王晓慧的研究强调促进职工的工作与生活的平衡是工会社会工作的焦点之一，具体可以从两个层面介入：企业层面主要是对企业内部的休闲制度的实施进行监督和完善，同时针对不同类型的职工设计实施各种闲暇方案；个人层面则是对闲暇教育、休闲咨询、休闲活动来促进职工形成科学的休闲观，丰富其休闲活动内容和形式[④]。冯敏良则认为高校的工会社会工作者可以通过社区工作推动校园休闲场所和娱乐设施的建设，在此基础上通过小组辅导对教职员工开展闲暇教育、传授各种休闲技能并组织丰富多彩的闲暇活动[⑤]。

① 王晓慧．论企业工会引入社会工作的意义及应用［J］．甘肃理论学刊，2011(04)：100-104.

② 冯敏良．高校工会的社会工作介入研究［J］．北京工业大学学报（社会科学版），2013，13（06）：35-39.

③ 姜晓蓉．工会构建和谐劳动关系的作用研究［D］．武汉：华中农业大学，2013.

④ 王晓慧．论职工闲暇与工会社会工作的介入［J］．中国劳动关系学院学报，2012，26（01）：39-43.

⑤ 冯敏良．高校工会的社会工作介入研究［J］．北京工业大学学报（社会科学版），2013，13（06）：35-39.

其次，是职工安全与健康服务。职工健康与安全问题关系到国家经济社会发展的全局，同时也关系到职工的切身利益，是工会工作的重中之重。一方面，职业安全与健康是职工一切权益的核心，维护职工的合法权益最重要的部分是维护职工的生命健康权。沈黎认为，随着中国工业化的快速推进，职工的安全、健康问题也越加突出，保护职工的劳动安全与职业健康一直是工会社会工作的重要内容①。姜晓蓉认为，工会社会工作可以通过职业训练和宣传教育开展事前预防；通过危机介入和紧急救助提供事中处理；通过康复训练和社会支持促进社会康复②。另一方面，随着社会竞争压力的加剧，职工心理情绪辅导的需求也亟待响应。沈黎认为，作为工会工作面临的新课题和社会工作的传统优势，开展员工心理辅导和情感支持是工会社会工作的重要内容，具体方法技术包括心理分析法、危机调适法、沟通分析法以及理性情绪治疗法等③。王晓慧则认为工会社会工作可以借鉴传统的个别谈话、批评和自我批评等方式促进职工的思想转变和心理调适，从而实现情绪管理的目标④。

再次，是职工能力和生涯发展服务。助人自助一直是社会工作的价值追求，更是工会工作提升职工技能的重要表现。因此，工会社会工作一直将员工素质提升和生涯发展规划作为重要内容，相关研究也提供了文献支撑。一方面，工会社会工作致力于促进高素质的职工队伍建设。郭志巧的研究认为在工会工作当中引入社会工作，不仅有利于提高工会干部队伍的素质，更有助于工会工作的改革创新，最终有利于提升职工

---

① 沈黎．工会社会工作：理念与方法［J］．工会理论研究（上海工会管理干部学院学报），2008（03）：17-19.

② 姜晓蓉．工会构建和谐劳动关系的作用研究［D］．武汉：华中农业大学，2013.

③ 沈黎．工会社会工作：理念与方法［J］．工会理论研究（上海工会管理干部学院学报），2008（03）：17-19.

④ 王晓慧．论企业工会引入社会工作的意义及应用［J］．甘肃理论学刊，2011（04）：100-104.

素质和企业工作的效率和质量①。程金基于社会工作促进工会干部培训的经验，强调工会社会工作不仅要提升职工的职业道德，更要提升其心理素质、政治觉悟以及业务能力②。另一方面，工会社会工作更着重于从全人和全程的观点出发，开展员工职业生涯规划。姜晓蓉认为工会社会工作提升职工生涯规划包括促进职工的职场适应、职场发展、职业调动、离退休辅导等四个方面，具体的实务过程应该包括对员工进行需求评估、合理设计员工职业规划方案、效果评估等三个步骤，采取的方法包括对新进职工进行适应性的培养、职业健康疏导、离退休人员情绪管理等③。李丽云则强调通过社会工作的心理辅导与支持、压力管理与疏导、家庭辅导与治疗以及工作协调与沟通等技术，促进和引导职工形成科学的职业发展规划④。

最后，是劳资协调以及劳工维权服务。职工之间互动交流的过程中可能会产生各种摩擦和冲突，要想建立和谐的劳动关系需要从尊重开始，而工会社会工作通过专业的技巧和方法所建立职工调解机制，能够使职工之间发生的矛盾、冲突及时有效地得到解决。姜晓蓉认为，解决劳资关系双方矛盾最有效的途径就是建立利益协调机制。建立利益协调机制的关键点就在于解决关于职工群众最切身利益的问题，而最直接最关键的就是通过工会社会工作做好劳资协调和职工维权服务⑤。《意见》也明确提出工会社会工作人才需要结合实际做好释疑解惑、化解矛盾等工作，

---

① 郭志巧．试论我国工会社会工作与工会工作的关系［J］．中小企业管理与科技（上旬刊），2009（09）：137.

② 程金．香港企业社会工作对工会干部素质培养的启示［J］．工会理论研究（上海工会管理干部学院学报），2007（05）：25-26+31.

③ 姜晓蓉．工会构建和谐劳动关系的作用研究［D］．武汉：华中农业大学，2013.

④ 李丽云．工会社会工作的实务研究［D］．武汉：中南民族大学，2013.

⑤ 姜晓蓉．工会构建和谐劳动关系的作用研究［D］．武汉：华中农业大学，2013.

从而更好地协调劳动关系[①]。王晓慧的研究也认为社会工作者可以通过宣传教育、政策落实、咨询辅导、关系协调以及冲突调解来化解劳资矛盾，促进和谐劳动关系[②]。在化解劳资矛盾促进劳资协调的过程中要始终坚持维护劳工合法权益，这是工会社会工作的基本原则之一。于婷认为在为农民工提供服务过程中，工会社会工作可以通过调查研究、宣传教育、政策倡导、个案辅导等方法介入维权活动，完善保护农民工合法权益的法律法规政策[③]。黄荣则通过个案访谈发现社会工作在劳务派遣工维权中可以通过资源链接、缓解压力、稳定情绪、小组教育以及错误纠正等方法，积极发挥维权介入的实用性和有效性[④]。

（六）工会社会工作的社会政策

自《关于加强工会社会工作专业人才队伍建设的指导意见》颁布以来，关于工会社会工作政策的研究就进入了学术视野，但直到《意见》实施以后，相关的研究才逐渐活跃起来，并主要集中于以下三个方面：

首先，是学科体系建设研究。早在2008年，刘斌志就提出建设具有中国特色的工会社会工作的思路，强调一是要更新工作理念，就是坚持“以服务职工为本”；二是要创新工作方法，就是探索个案工作、小组工作、社区工作以及社会行政等方法在工会工作中的具体运用程序、规范和技术；三是要拓展工作内容，就是要探索全人、全程、全面的职工发展维度，从人与环境互动的整体框架提供多元化的职工服务；四是要发展特色模式，就是要在不断总结已有服务经验的基础上，探索具有中国

---

① 建设工会社会工作专业人才队伍，促劳动关系和谐稳定［J］．中国社会工作，2017（04）：10-11.

② 王晓慧．论企业工会引入社会工作的意义及应用［J］．甘肃理论学刊，2011（04）：100-104.

③ 于婷．社会工作介入农民工维权的实例分析［D］．苏州：苏州大学，2013.

④ 黄荣．劳务派遣工维权的社会工作介入［D］．苏州：苏州大学，2015.

特色的工会社会工作机制、模式和体系①。

其次，是人才队伍建设研究。按照党中央的部署，群团改革背景下的工会改革就是要促进工会工作的职业化、群众性和社会化。李正东认为工会改革的首要任务就是要建设一支专业的工会社会工作人才队伍②。至于何为专业的工会社会工作人才队伍，刘斌志认为就是指工会以及各类职工权益维护组织中从事工会社会工作事务的社会工作者，关键是要接受过社会工作的专业教育或业务培训，具备社会工作专业资质。至于具体的建设策略，刘斌志强调一是要明确总体要求；二是要推进基础工程；三是要抓住人员培养、岗位安排和评价体系三个关键环节；四是要搭建良好的承载平台，建立起保护机制③。谢晨的研究认为科研型事业单位更需要开展工会社会工作探索，关键就是加强相应的社会工作人才培养，建设了解、理解、爱护和支持科研人员的工会社会工作人才④。

最后，是政府购买服务的研究。工会社会工作服务的大力拓展，既离不开各级工会的大力支持，更离不开社会组织的参与和配合。其中，政府购买服务越来越成为工会社会工作发展的重要方式之一。虽然目前学界的研究探索还不够深入，但各地已然开展了多样性的实践探索。王晓慧认为通过政府购买社会工作服务，就是工会与社会工作最初相结合的桥梁，通过开展人性化、专业化、多样化的服务，极大地推动了企业对工会社会工作服务的接纳和支持⑤。在实践方面，广州东莞市总工会与

---

① 刘斌志．论中国特色工会社会工作的建设［J］．北京市工会干部学院学报，2008（01）：9-13.

② 李正东．企业社会工作的时代议题与本土视角［J］．学术论坛，2012，35（06）：168-175.

③ 刘斌志．论我国工会社会工作人才队伍建设［J］．工会理论研究（上海工会管理职业学院学报），2009（01）：19-21.

④ 谢晨．运用社会工作理念开展科研型事业单位工会工作的策略［J］．中国社会工作，2017（10）：36-37.

⑤ 王晓慧．建设服务型工会的新思路：引入专业社会工作［J］．中国劳动关系学院学报，2013，27（06）：34-37.

东莞市正阳服务中心通过将社会工作的价值理念、工作方法引入到工会工作，坚持了以职工为本的理念，创建了东莞企业社会工作发展的新模式。尤其是其中的“工会+社工”的联动模式，进一步拓展了工会工作的领域和范围①。

（七）工会社会工作的域外经验

早在1943年，美国的海员工会与海员服务处合作的一项计划，协助超过5000名海员工会会员及其家属开展寻人及救助破碎家庭的服务。到20世纪90年代，美国总工会的社区服务部、大型工会服务方案以及人性协约成为工会社会工作服务的代表。因此，我国工会社会工作服务的发展，也在不断借鉴国际经验中获得启示。

一方面，国际经验给中国特色工会社会工作带来诸多启示。王晓慧在对美国工会与社会工作互动经验分析的基础上，认为西方工会工作与社会工作既有互补性，也存在一定的互斥性，但本质是互惠性；并建议我国在发展工会社会工作的过程中，既要扬弃西方工会过度强调冲突性和斗争性的缺点，更要借鉴西方工会社会工作开展创新性和人性化服务的经验，促进中国工会向维权型、服务型和专业型方向发展②。而刘斌志则在梳理美国工会社会工作服务经验的基础上，认为我国工会社会工作的发展一是要在社会政策与立法层面加强工会工作与社会工作的契合；二是要拓展多元化、在地化与实务性的服务项目；三是要推进工会社会工作的职业化与专业化；四是要加强工会社会工作的教育、督导与研究工作③。

---

① 杨佳萍，雷建华．工会内置东莞未来企业社工发展新模式［J］．社会与公益，2014（10）：19-21.

② 王晓慧．工会与社会工作的关系变迁及启示——基于美国历史经验的分析［J］．中国劳动关系学院学报，2018，32（02）：103-109.

③ 刘斌志．工会社会工作：美国经验与本土发展［J］．工会理论研究（上海工会管理干部学院学报），2008（03）：41-44.

另一方面，我国港澳台地区在早期工业化进程中不断拓展了工会社会工作的相关服务，形成了一些可供借鉴的教训和经验。程金认为我国香港地区工会社会工作者素质培养有以下经验：一是要加强对社会工作专业知识的学习和了解；二是加强沟通协调能力的培养；三是加强社会政策倡导和公共关系能力①。赵卫则认为我国台湾地区工会社会工作的发展有两大特色经验：一是要充分重视政府在工会社会工作发展中的支持作用；二是要夯实工会组织的平台，并通过企业工会落实社会工作服务项目②。

（八）工会社会工作的地方实践

经过十多年的探索，社会工作在工会工作领域的探索呈星星火燎原之势。从南国广东的民营企业中的探索到东北老工业基地国有企业中尝试，从江苏台企员工援助方案的实践到北京农民工社会服务的拓展，无不在以开拓性、创新性和本土化的方式探索工会社会工作的地方实践智慧和模式。相关研究也不断总结了这些中国特色工会社会工作服务的探索。

首先，是深圳的实践探索。岳经纶等基于深圳市独创的“源头治理劳资纠纷试验区”工联会服务的实践经验，提出了工会社会工作的“深圳模式”，强调开展工会社会工作服务一方面要以基层为立足点，将基层工会社会工作化；另一方面要全面将社会工作方法技术促进职工服务的精准化和专业化，具体包括组建兴趣小组、开展个案辅导、促进资源链接、构建关系网络等③。陈佩华则创新性提出了社会工作化的工会运动概念，认为目前深圳市所进行的工会改革试验只是在社区层面为工人提供

---

① 程金．香港企业社会工作对工会干部素质培养的启示［J］．工会理论研究（上海工会管理干部学院学报），2007（05）：25-26+31.

② 赵卫．吴江经济技术开发区企业工会组织社会工作项目计划［D］．武汉：华中师范大学，2013.

③ 岳经纶，陈泳欣．超越统合主义？社会治理创新时期的工会改革——基于深圳市试验区工联会的实践［J］．学术研究，2018（10）：51-58.

社会服务，并没有实质性地改变基层工会面对复杂劳资纠纷所扮演的角色，因此仍然需要从政策、制度和结构方面拓展工会社会工作服务①。

其次，是东莞的实践探索。杨佳萍等发现东莞市总工会在与社会工作专业机构的合作项目中积极探索了社会工作价值、理念、方法及技术的运用，不仅创造了“工会+社工”的联动模式，而且开展了大量的职工人文关怀、集体协商谈判、调解企业停工事件以及促进职工生涯发展服务的探索，形成了工会社会工作的“东莞模式”②。赵悦基于广州市某服务项目为例，从增能视角出发，认为“两新”组织工会中拓展社会工作服务不仅具有政策合法性，更有现实必要性和实践可行性。在具体操作方面，一是要通过教育培训提供工会工作者的岗位素养和主体能动性；二是要从经济、文化、社会以及法律层面为职工提供权益维护、休闲娱乐、婚恋服务、情绪辅导、城市融入以及生涯发展等具体服务项目；三是要持续开展职工的权益维护活动，提升职工的法律意识和权利意识；四是要明确工会社会工作的正确定位，加强政治学习和业务培训③。

再次，是华东地区的实践探索。陈超基于上海市自贸区、闵行区等非公企业较为集中的地区的经验探索，认为工会社会工作服务要以小组建设为核心技术，将“工会推介会”作为基本平台，通过增能赋权来激发职工的主体意识和社会参与度④。赵卫通过对江苏省吴江经济技术开发区企业工会开展社会工作服务的调查研究，发现工会社会工作的“苏州模式”重在挖掘台资企业开展员工福利服务的传统，通过员工关系方案、员工协助方案以及员工社会支持方案，将社会工作的专业化方法融入企

① Anita Chan. Trade Union Reform in One-Party States：China and Vietnam Compared ［J］. Made in China，2017（3）：42-47.

② 杨佳萍，雷建华．工会内置东莞未来企业社工发展新模式［J］．社会与公益，2014（10）：19-21.

③ 赵悦．增能视角下社工介入“两新”组织工会职工权益保障服务研究［D］．广州：华南理工大学，2018.

④ 陈超，俞莉红．自上而下的动员力，自下而上的生命力——工会组建方式创新的行动研究［J］．中国劳动关系学院学报，2015，29（06）：49-53.

业工会当中，不仅促进了工会工作方法的专业化，进而增强了工会的社会影响力和凝聚力①。

最后，是其他地区的实践探索。除了广东、江苏以及上海等地民营企业和外资企业开展了较为丰富的工会社会工作探索之外，华北地区以及东北地区都结合国有企业发展的实际情况，探索了面向下岗职工、外派职工以及新技术工人的社会工作服务实践。冯雅欣通过对中国某建筑公司某局实务项目的研究，认为将社会工作运用到建筑公司职工压力管理中具有专业的优势性和实用性，通过开展多种形式的小组活动，不仅丰富了工会服务形式和职工业务生活，更有效地缓解了员工的心理压力，最终促进了企业的经济效益和社会效益②。李佳鹏基于河北省一家软件开发公司工会处理员工突发情绪问题的案例分析，认为社会工作对于“高知技术工人”的职场压力和情绪问题具有较好的适用性，尤其是通过危机干预技术、心理支持技术、社会支持技术以及小组辅导技术的运用，极大地体现了工会社会工作的专业优势，并建议通过政策支持和技能培训来加强相应的人才队伍建设③。

二、中国特色工会社会工作研究的本土反思

经过十多年的实践与研究探索，特别是 2016 年以来工会社会工作基本政策框架的建立，促进了相关服务的规范化与专业化，也推动了相关研究工作的深入与创新。首先，研究成果不断丰富。具体表现为：一是成果数量不断积累，2016 年以后每年都有十几篇研究文献发表；二是成果质量逐

① 赵卫．吴江经济技术开发区企业工会组织社会工作项目计划［D］．武汉：华中师范大学，2013.

② 冯雅欣．社会工作介入企业员工压力管理的研究［D］．北京：首都经济贸易大学，2015.

③ 李佳鹏．社会工作参与企业工会实务研究［D］．南京：江西财经大学，2016.

渐提升，2012 年之后就陆续有研究成果发表于各类核心期刊；三是研究项目不断支撑，研究逐渐得到北京市社科基金项目乃至国家社科基金项目的支持；四是成果发表逐渐多元，不断有成果发表于其他非工会工作类杂志。其次，实务研究不断积累。具体表现为：一是研究领域不断扩大，逐渐有关于高校、工业企业、高新技术企业、医院领域工会社会工作服务的探索；二是服务群体不断扩大，面向教职工、医务人员、建筑工人、新社会阶层以及农民工的工会社会工作服务实践与研究陆续出现；三是服务方式不断创新，从原来的企业社会工作逐渐迈向工会社会工作，并拓展了具体的压力管理、员工关系以及闲暇教育等多方面的服务技术研究；四是服务经验不断积累，在服务实践基础上开展了各具特色的地方服务模式研究。再次，研究领域不断拓展。具体表现为：一是突出了工会社会工作的社会主义特征及政治要求；二是逐渐形成了相应专业服务方法体系；三是开展了相关政策分析和政策倡导研究；四是已经开始了具有中国特色服务模式研究。最后，研究的影响不断扩大。具体表现为：一是 2006 年后通过理论探讨研究了工会社会工作发展的必要性及可行性；二是 2009 年逐渐开展了工会社会工作人才队伍建设的研究；三是 2016 年后形成了工会社会工作的政策研究框架；四是 2018 年以来各地陆续推动了工会社会工作人才队伍建设的地方实践与研究。面临科技革命及群团工作改革不断深化与拓展，目前我国工会社会工作的研究虽然取得了一定的成就，但在新时代仍然面临诸多新形势和新问题，具体表现在：

首先，是研究的数量与质量有待进一步提升，具体表现在：一是每年十几篇的相关研究成果与工会工作的地位、作用及其改革任务仍然不相匹配，而每年寥寥几篇的核心期刊论文更显得相关研究水平有待进一步提升；二是其他诸如青少年、学校、医疗社会工作分别达到 500、800 和 1000 多篇研究成果相比，工会社会工作的研究深度和广度还很不够；三是目前研究论文虽然有近百篇，但论文最高被引用的次数仅为 40，其他大多数论文被引用次数在 10 次以内，研究成果的影响力有待提升；四是目前工会社会工作队伍的研究能力非常不足，既缺乏相应的理论研究和政策分析，还缺乏行动研究能力，尤其是缺乏专家型研究人才和队伍。

其次，是研究的理论与实务有待进一步整合，具体表现在：一是虽然全国各地不乏关于工会社会工作服务的实践探索和项目研究，但是目前主要以项目开展和管理为主，服务开展缺乏相应的专业理论指导、规范程序指引和对照评估分析，服务成效缺乏足够的实证数据支撑；二是已经开展的实践和项目探索缺乏理论分析和模式提炼，经验总结不够；三是目前虽然有一定的关于工会社会工作开展的调查研究，但主要集中在人才队伍方面，缺乏对职工服务需求方面的调研；四是目前政策研究以可行性分析和现状分析为主，政策倡导和落实的研究相对较为缺乏，整合服务、模式、理论和政策的整合性研究十分缺乏。

再次，是研究的视野和范式有待进一步扩展，具体表现在：一是目前研究主要以问题视角为主，更多关注职工存在的问题和困境，缺乏对相应社会环境的考察，缺乏对不同群体职工的深入调研，缺乏对广大职工自身优势的挖掘和关注；二是目前研究以定性研究的概念探讨和思辨分析为主，定量分析和实证研究不够，尤其是缺乏对工会工作以及职工需求的数据采集、分析与整理，相关数据积累不够充分；三是目前虽然有对国外相关经验的介绍和引介，但没有与中国国情具体结合的分析和探讨，更没有形成与国外的学术对话；四是目前研究更多基于工业体系下的职工需求及服务研究，缺乏对后工业时代、人工智能时代以及高科技企业职工问题的探讨与分析，研究的前瞻性不足。

最后，是研究的框架和体系有待进一步健全，具体表现在：一是目前研究还处于实务探索层面，没有形成工会社会工作的基本价值、核心概念、主要理论以及内容框架；二是目前虽然对工会社会工作的服务内容、方法技术有所探讨，但缺乏对其专业核心能力的研究，难以形成专业核心竞争力和优势；三是目前虽然对职工相关的休闲娱乐、生涯发展以及权益保障等领域进行了研究探索，但对职工更加迫切的家庭问题、适应问题、法律援助、维权行为以及企业文化和社会责任等议题研究依然有待拓展；四是目前依然没有形成系统的研究体系、研究队伍、研究平台和研究力量，没有形成相应的学术研究话语体系。

三、中国特色工会社会工作研究的趋势展望

随着中国特色社会主义进入了新时代，我国经济转型和全面改革进一步深化，经济结构、利益诉求以及职工队伍日益复杂和分化，工会社会工作服务面临着许多新情况、新问题和新需求，相应的研究也必须不断地发展和创新，具体包括：

首先，要不断壮大研究队伍和力量，提升研究成果的学术性。一是要加强工会社会工作的专业教育，培养更多的专业人才投身实践、服务、管理以及研究工作，壮大研究的力量。二是要持续开展多类型的研究，不仅要开展实务实践研究，更要开展相应的调查研究和理论研究，拓展研究的领域和范畴，增加研究成果的数量，扩大研究成果的影响。三是要加大对已有研究成果的分析、总结和归纳，通过文献综述分析已有研究的经验和不足，寻找未来研究的增长点和发展趋势。四是通过力量整合促进高水平研究成果的形成，促进研究成果发表的期刊质量，加大对已有研究文献的宣传和引用，提升研究的科学性、规范性和学术性。

其次，要不断创新研究机制和模式，促进研究内容的整合性。一是要面向已有研究人员开展相应的实务和研究能力的培训，开展研究伦理、研究方法以及研究规范的训练，提升未来研究的规范性和科学性，尤其是要注重证据为本研究能力的训练。二是要通过多种方式促进实务工作者、行政管理者、政策制定者以及理论研究者的相互交流、学习与合作，通过不同形式促进相关领域的行动研究，发挥跨学科、跨专业、跨领域的团队合作研究。三是在已有政策框架的基础上，面向未来职工的需要开展相关政策分析、政策评估、政策建议以及政策倡导，进一步完善政

策和法规体系。四是在本土实践基础上，不断总结我国历史悠久的工人运动与工会工作的历史经验，从中提炼和总结中国共产党开展工会社会工作的实践智慧和理论成果。

再次，要积极回应时代发展的主题，促进研究范式的前瞻性。一是要积极回应我国经济转型和供给侧结构性改革发展的时代命题，围绕党和政府经济社会发展的中心任务，从结构性视角出发探讨全球化、市场化以及改革深化对工会工作的影响，促进工会社会工作发展的战略性。二是要深入探讨人工智能的不断发展对广大职工素质提升、职业安全以及生涯发展规划等方面的重要影响，分析新时代职工的福利服务需求，从优势视角出发探讨职工潜能激发和优势发挥的重要途径，促进工会社会工作服务的人本性。三是要适应新时代大数据发展的新形势，开展面向职工和企业的需求分析与服务调查，通过数据筛查和分析建立相应的大数据平台，促进工会社会工作服务的智能化。四是要适应新时代职工结构、成分、职业以及利益诉求等方面的新变化，分析不同区域、不同行业、不同年龄以及不同层次的职工群体生理、心理以及社会的状况与需求，促进工会社会工作研究的多样性。

最后，要促进研究的本土性与在地化，构建中国特色工会社会工作体系。一是要与我国具体国情、党和国家发展的中心任务、党的领导与政治要求相结合，不断更新服务的价值伦理和理念，建立工会社会工作的理论体系。二是要不断深入挖掘我国工会在历史发展过程中提供职工服务的宝贵经验和有效方式，在实践基础上提升和总结具有专业性、理论性的服务方法和技术，建立工会社会工作的技术体系。三是要不断深入职工的工作、学习、生活和娱乐环境，深入企业生产和服务的不同环节，了解职工和企业发展的多样性主题和需要，建立工会社会工作的服务内容体系。四是要不断通过专业教育、技能培训以及研究实践，推动相关的学科建设、社会服务以及科学研究，最终构建中国特色工会社会工作体系。

· 下编 ·

议 题 编

第七章　包容与更生：新世纪我国矫正社会工作研究

随着改革开放的不断深化及社会日新月异的发展，我国人文类学科体系发生了巨大的变化。自社会工作专业恢复及重建以来，矫正社会工作作为其中一个很重要的服务领域，在我国获得了长足发展，在理论研究、服务领域、社会实践、社会政策等方面取得了可观的成果。目前，矫正社会工作在我国最主要的适用领域是社区矫正，建设一支专业化、职业化的矫正社会工作人才队伍成为其开展服务的关键所在。在2014年，司法部、中央综治办、教育部、民政部、财政部等部门联合出台《关于组织社会力量参与社区矫正工作的意见》（以下简称《意见》）以来，矫正社会工作的理论研究及实践探索进入了新时代，也更面临着新使命和新任务。站在时代的新起点上，矫正社会工作需要积极反思已有的实践经验、总结和分析研究的经验和不足，展望未来发展的方向，不断丰富学科的专业知识及理论体系，建设专业人才队伍、提升学科话语权，建立中国特色的矫正社会工作理论体系。

一、中国特色矫正社会工作的核心议题

一方面，目前矫正社会工作的相关研究以及学术论著数量不多，在选择的文献类型中，期刊论文以及硕士学位论文占比较高。包括综述类文献、政策研究类等。另一方面，对于矫正社会工作相关研究论文讨论

主要侧重于实务性探索。在CNKI收录的相关论文中，硕士论文多集中于对实务性的研究，探索矫正社会工作发展新模式。在本书中，对于新世纪中国特色矫正社会工作的核心议题回顾主要基于中国知网中收录的相关学术论文的分析及讨论。

（一）中国特色矫正社会工作的价值伦理

价值伦理是社会工作中的重大议题，近年来关于矫正社会工作中的价值伦理议题的研究也日渐丰富。在矫正社会工作的研究中，也存在着诸多的伦理议题、伦理内容、操作守则、伦理困境及抉择等。相关研究中涉及了这些议题，具体表现如下：

首先，是伦理议题的研究。伦理议题的研究是指关于矫正社会工作在服务过程中所遇到的伦理困境及其冲突的研究。一方面，赵宇的研究指出，在青少年社区矫正社会工作的实践中，遇到的伦理困境及冲突表现为：一是对待互联网的态度差距，互联网对青少年产生积极或消极影响的根本原因在于如何正确、合理地看待和使用这一资源，由于工作者和服务对象在对待互联网上的态度、所持价值观不同，会产生态度方面的问题。二是互联网技术使用的缺位。这包括代际差距以及工作者自身对互联网技术使用的差距，社工在开展服务时应注意优势视角的运用。三是围绕互联网缺少独特性的工作模式。社工一方面注重“矫正”，一方面又出于为服务对象利益考虑的立场，选择合适的方法模式及策略开展服务的议题。[①] 另一方面，刘淑娟认为，社会工作伦理价值在社区矫正中的彰显应注意到三个方面，一是对矫正对象的尊重与接纳，社会工作的价值理念要求社会工作者以平等、尊重、接纳的态度对待案主；二是矫正对象的自决，社会工作者在实践中必须审时度势，把握好“度”；三是矫正对象的保密方面，社会工作者要在保密中把握原则，合理处理保密

---

① 赵宇．从“问题”到“优势”：互联网时代青少年社区矫正社会工作的新思路［J］．劳动保障世界，2019（09）：64-65.

情况。[1] 另外，陶怡婷的研究指出，社区矫正社会工作者在实践中面临的伦理困境主要表现在：保密界限与弹性、案主自决、利益冲突、专业界限与双重关系以及价值冲突这五个方面。[2] 也有研究认为矫正社会工作者的伦理认知及专业敏感度是解决伦理问题的重要基础。

其次，是伦理守则的研究，伦理守则研究是指关于矫正社会工作的核心价值理念及其伦理操作守则方面的研究。有学者的研究指出，面对矫正社会工作伦理研究滞后的现状，在某种程度上也为中国矫正社会工作伦理守则制定提供了一个相对较大的研究空间，可以为矫正社会工作伦理守则的制定提供实践经验。有学者认为制定的这种伦理守则要能够体现：一是刑法的公平性与正义性要求；二是社会工作的专业伦理；三是一定的权威性；四是一定的科学性。

再次，是关于伦理内容以及伦理抉择的研究。张昱认为，平等、尊重是矫正社会工作的核心价值伦理、保密是矫正社会工作最基本的价值伦理。[3] 也有的研究认为，作为社会工作的一个特殊领域，矫正社会工作秉持了社会工作的基本价值理念，主要包括接纳（工作者接受矫正对象这个人，以宽容体谅的心态帮助其寻找解决问题的方法）、个别化（每个人都是独特的个体）、可塑性（每个人在一定条件下都是可以改变的）等。在关于矫正社会工作的伦理抉择方面，陶怡婷的研究指出，虽然在具体实践中，每个伦理案例面临的问题及冲突各不相同，但存在普遍认同且遵从的原则和依据。主要表现为：保护生命与维护社会稳定居于首位；系统权威与规范优于个人价值；效率与权益位于核心；人情与关系

① 刘淑娟．社会工作伦理价值在社区矫正中的彰显［J］．学术交流，2009（04）：143-146.

② 陶怡婷．社区矫正社会工作者的伦理困境及抉择［D］．上海：华东理工大学，2018.

③ 张昱．矫正社会工作［M］．北京：高等教育出版社，2008：6，62.

高于理性等。①

最后，是关于伦理反思的研究。在矫正社会工作面临的诸多伦理困境及伦理抉择中，有学者作出了多维度的研究。本土的矫正社会工作是一个动态的道德实践的过程。有研究发现，“价值决定抑或文化决定”以及“惩罚优先抑或服务优先”这两种取向是在社区矫正社会工作实践中面临的根本问题。对此，社会工作者需要厘清工作的终级目标、澄清自我的观念、合理调试自身情绪、提出科学的符合本土实践的调试策略、具体情境具体分析等。关于伦理反思的研究为矫正社会工作的伦理建设提供了方向。

（二）中国特色矫正社会工作的理论视角

矫正社会工作作为社会工作中的一个分支，有其形成的理论基础和自身特点。在矫正社会工作的理论与实务发展的过程中，形成了相应的心理学、社会学、犯罪学、社会工作学等的理论基础。

首先，是社会学层面的理论。矫正社会工作借鉴社会学的相关理论，发展社会学中关于矫正社会工作方面的理论解释。具体包括社会互动理论、需求层次理论等。费梅苹从社会互动理论的视角出发，认为在矫正社会工作的青少年群体中，青少年的犯罪或偏差行为是个人与社会环境互动的结果。提出以社会互动理论为视角构建的青少年社区矫正社会工作服务框架体系可以包含以下四个方面的内容：一是协助青少年厘清个人与社会环境的意义界定；二是协助青少年提升意义认知程度；三是实现角色创造；四是形成重整行动方案。从而可以达到改善青少年矫正对象社会功能的效果。②

① 陶怡婷．社区矫正社会工作者的伦理困境及抉择［D］．上海：华东理工大学，2018.

② 费梅苹．社会互动理论视角下青少年社区矫正社会工作服务研究［J］．青少年犯罪问题，2009（03）：4-8.

其次，是心理学层面的理论。心理学的理论视角在矫正社会工作研究中得到了较为广泛的应用。其中包括行为主义理论、认知理论、需求层次理论等。其中，行为主义理论主张要把工作的重点放在真正能够观察到的人的外显行为上。矫正社会工作者的任务就是要对矫正对象的不适当行为进行治疗或矫正，帮助其学习和建立应对环境的恰当的反应模式。认知理论则是把关注的焦点放在促使人的行为产生的内心世界上，认为人的失范行为主要是由于认知上的错误或非理性的思维所导致的，社会工作者的任务就是要帮助矫正对象获得对于世界的正确认知或提高理性思考的能力，协助其行为得到正确思想认识的引导。谢淼妙在马斯洛的需求层次理论的基础上，具体阐述了运用需求层次理论在青少年矫正社会工作研究中的意义、必要性（了解需求，深究犯罪原因；尊重需求，做到以人为本；满足需求，实现有效矫正等），工作过程中的不足（体现在法律政策不够健全，工作专业化水平不够高，矫正效果不够明显，工作方法存在局限等）以及该理论的运用情况。以帮助犯罪青少年更好适应社会，实现再社会化、合理运用社会资源、促进矫正社会工作理论与实务的发展等。[①]

再次，是犯罪学层面的理论。犯罪学主要是以犯罪现象为研究对象，广义上还包括专门寻找犯罪行为出现的实际原因，以提供一个方法减轻犯罪行为对社会的影响。犯罪学属于行为科学，特别注重社会学和心理学层面上的研究。杨曼在社会与个人二因素的犯罪原因理论基础上，详细阐述了矫正社会工作的功能与作用可以从个人与社会两个维度入手分析，包括针对矫正对象的功能与作用（监管职能、矫正功能、服务功能）；针对社会环境的功能与作用（营造和谐的家庭及社会环境、促进刑罚制度科学化、人性化）。基于人类刑罚发展的历史阶段，提出了矫正社会工作的任务和意义，解决因犯罪而带来的各种困难，促进矫正对象的

---

① 谢淼妙．需求层次理论在青少年犯罪矫治社会工作中的运用探究［D］．扬州：扬州大学，2017.

改造和再社会化。[①] 作者将自己的法律背景知识充分运用于矫正社会工作的研究，限于专业的局限性，对社会工作的理论阐述过多停留在简单的概念陈述上，但其研究视角着实很有意义，也为矫正社会工作多元化视角的研究提供了思路。

最后，是社会工作学层面的理论。作为社会工作中的一个特殊领域，矫正社会工作的基本理论视角主要有：优势视角理论、充权理论、生态系统理论、标签理论等。一方面，优势视角理论在矫正社会工作中得到了广泛而充分的应用和发展。优势视角是一种关注人的内在力量和优势资源的视角。王中岭基于优势视角的研究，提出了社会工作介入青少年社区矫正的矫正目标及途径，关注青少年自身发展优势、工作者与青少年是协作伙伴关系；通过科学引导启发青少年发现自身优势、以发展的眼光帮助青少年发展自身优势，实现青少年社区矫正的基本目标，帮助青少年回归社会。[②] 闫丽等通过社会工作的优势视角应用于社区矫正的案例分析，指出相关介入策略选择，包括聚焦案主的优势潜能，而非缺陷诊断；整合资源，协助案主建立社会支持关系网络；建立和谐专业关系，帮助案主自我发展。同时进一步分析了优势视角应用于矫正社会工作的可行性和必要性。[③] 张茹以优势视角为切入点，指出了青少年社区矫正工作中存在的问题，包括矫正对象、社会资源、矫正工作者的缺陷等，并提出在优势视角下的介入策略，包括引导青少年正视自己、发挥自身优势、以长远眼光促进青少年的全面发展。[④] 邹儒飞、唐天正的研究则运用优势视角理论对相关概念进行界定，提出了优势视角下社会工作介入青

① 杨曼．矫正社会工作研究［D］．北京：中国政法大学，2009.

② 王中岭．基于优势视角下的社会工作介入青少年社区工作矫正研究［J］．教育现代化，2016，3（27）：197-199.

③ 闫丽，路梦瑶．社会工作优势视角下社区矫正介入策略探讨［J］．北华航天工业学院学报，2018，28（05）：38-41.

④ 张茹．优势视角下的社会工作介入青少年社区矫正探析［J］．农家参谋，2017（06）：184+169.

少年社区矫正的对策研究，注重优势视角对于矫正社会工作的重要意义。[①] 另一方面，充权理论也对矫正社会工作的研究有所启发。“充权”也称“增权”，主要是指社会工作者与案主一同参加活动，减少因个人或社会原因造成的失权或无权。增权的目标在于增加个人、人际及政治权力，以便个人、家庭或社会可以采取措施改善他们的处境，促进其更好适应社会生活。[②] 周湘斌以相关的案例分析从政策性充权、行政性充权以及个人充权（包括案主主观感受和应对环境能力的改善）方面的措施来帮助矫正对象重建生活，提升能力，而不是简单地进行限制性和惩罚性改造。[③] 苗志超还结合社会生态系统理论研究分析了矫正社会工作中三个不同层面的生态系统，即以微观系统为核心（包括发现和评估案主的优势，提升其抗逆力并帮助树立重建生活的信心）；以中观系统为联结（包括增强各子系统之间的联系，帮助改善案主的环境系统）；以宏观系统为长期介入目标（帮助案主构建促进其发展的社会环境），并指出在实际应用过程中应注意的问题。[④] 杨宇则从灵性视角出发，从传统研究视角外探寻一条新的介入途径。充分论述了矫正社会工作介入失足女囚犯的必要性、灵性视角下介入的意义以及“暖心式”介入（包括思想意识层面和行为方式层面），并阐述了灵性视角下对矫正社会工作的发展展望。[⑤]

---

① 邹儒飞，唐天正．优势视角下社会工作介入青少年社区矫正的现状及对策研究［J］．人力资源，2019（14）：16.

② ［法］卡斯东·斯特法尼，等．法国刑法总论精义［M］．北京：中国政法大学出版社，1998.

③ 周湘斌．社会工作充权视角下的释犯社区矫正政策分析［J］．北京科技大学学报（社会科学版），2005（04）：49-56.

④ 苗志超．浅析社会生态系统理论下社区矫正的社会工作介入［J］．内蒙古农业大学学报（社会科学版），2012，14（06）：223-224+238.

⑤ 杨宇．灵性视角下的矫正社会工作——以介入到狱中女囚犯为例［J］．湖北函授大学学报，2017，30（15）：121-123.

（三）中国特色矫正社会工作的发展模式

改革开放以来，中国的矫正社会工作经过阶段性、区域性、主体性的发展，采用多元化的方式促进矫正社会工作的完善，已经形成了一些较具代表性的发展模式。这些发展模式表现出专业化、本土化、职业化以及多元化等特征。

首先，是专业化发展的研究。随着经济、社会的快速发展，对于矫正社会工作的专业化发展的需求也越来越迫切。矫正社会工作专业化的发展对于国家、政府相关政策的落实、矫正对象服务的提升具有重要意义。张淑东通过对国外的社区矫正社会工作的经验借鉴，梳理并探索了我国在社区矫正社会工作中专业化方面存在的不足与问题（主要表现在专业地位、人才队伍、操作规范、专业技能等层面）以及基于立法支持、人力支持、政府财政支持、工作者和服务对象的支持的角度寻找解决的途径，对矫正社会工作的实践有所启发。[①] 郝艳丽认为专业化的社会工作者以及由此组成的社会工作队伍由于具备多元化的理论知识以及良好的实践能力，在社会问题的处理中成为一支可靠的力量。矫正社会者的专业程度无疑会影响到服务的效果。[②] 还有学者认为，在矫正社会工作研究专业化反思方面，其人才队伍建设及存在的问题应从教育培训力度、职业体系建设等方面入手，推动社区矫正社会工作向纵深发展。

其次，是本土化发展的研究。自从矫正社会工作引进国内以来，其自身为不断适应社会发展的要求，结合国情，逐渐形成了具有中国特色的、本土化的服务模式。王锡豪的研究认为，“北京模式”“上海模式”是中国典型的本土化社区矫正社会工作模式。上海市采取政府购买服务、

① 张淑东．我国社区矫治社会工作职业化、专业化道路探析［J］．社会工作，2004（02）：33-35.

② 郝艳丽．矫正社会工作领域中专业工作者的规训职能探究——来自福柯《规训与惩罚》的启示［J］．社会工作，2016（01）：96-106+127.

培育社团组织、组织社会工作队伍、以社区为载体开展专业化、规范化、职业化的矫正社会工作服务，为矫正对象带来新颖的、人性化的矫正内容及体验。北京市开展社区矫正社会工作以“政法委统一领导，司法局组织实施，相关部门协同合作，司法所具体执行”为总体指导思想，① 在矫正社会工作者培训、广泛调动社会资源等方面颇有建树。也有学者看到在矫正社会工作实践中暴露出的诸多问题，强调加强政府、社会对此方面的重视程度，进行深入化的研究，推动矫正社会工作研究的本土化进程。

再次，是项目化发展的研究。

最后，是职业化发展的研究。矫正社会工作职业化的发展模式即通过促进其在社区等领域的运用，建立健全矫正社会工作的岗位、职称、酬薪以及报站制度等，以促进矫正社会工作地位的提升和职业的规范。张淑东认为，我国矫正社会工作职业化方面面临的挑战主要有：相关学者缺乏经验、矫正社会工作者的职业规范体系还不够完善、职业地位尚不清晰、矫正社会工作者的职业教育缺乏等。② 在矫正社会工作人才队伍建设的职业化方面，魏卓然强调要强化矫正社会工作职业体系建设，增强从业者的职业认同感，由政府搭建平台，向 NGO 等组织购买社区矫正社会工作服务，以推动社区矫正社会工作的职业化水平，壮大矫正社会工作者队伍。同时，社会工作职业资格水平考试要真正能提高职业社区社会工作者的能力，促进矫正社会工作的良性发展。③

---

① 王锡豪．社区矫正社会工作现状、问题与对策研究［D］．济南：山东大学，2016.

② 张淑东．我国社区矫治社会工作职业化、专业化道路探析［J］．社会工作，2004（02）：33-35.

③ 魏卓然．社会工作语境下社区矫正队伍建设的思考［J］．智库时代，2017（14）：242+244.

（四）中国特色矫正社会工作的方法技术

在矫正社会工作的方法技术层面，经过实务的探索及发展，已经形成了诸多行之有效的经验。矫正社会工作的方法技术在微观的个人、家庭层面、中观的小组和群体层面以及宏观的社区、社会政策层面都有所应用和拓展，并在相关的研究中得到体现和验证。

首先，是微观层面的方法技术。主要包括个案工作方法中的心理社会治疗理论、寻解导向治疗理论、结构家庭治疗法、行为治疗理论、人本治疗理论、理性情绪治疗理论等。李媛根据案主的个别化和问题化导向，选用了心理社会治疗理论、寻解导向治疗理论来支持其个案社会工作的研究。一方面，在心理社会治疗理论方面，她强调该理论在矫正社会工作的运用过程中有三个密切联系的阶段：包括心理社会研究、诊断和治疗。治疗的技巧有直接和间接之分。另一方面，在寻解导向治疗理论方面，着眼于寻求解决问题的方法，重新定义案主的问题，增强其抗逆力以达到解决问题的目的。她指出寻解导向治疗理论在实际运用过程中包含三种基本理念：一是相信案主是自己的专家；二是生活时刻在变化；三是目标和问题相区分。[①] 也有学者认为，在个案矫正工作的具体实务中，社会工作者应注重接案和建立专业关系的方式方法，加强对具体工作过程中各个阶段的有效衔接，具体情况具体分析。郑毓枫则从价值取向、社会性等角度阐述了个案社会工作与社区矫正的联系。对个案社会工作介入社区矫正的必要性、方法技巧进行了论述。同时也强调在方法技巧中与矫正对象建立和谐平等的专业关系、客观评估矫正对象、与对象面谈以及运用心理矫正的重要性。[②]

---

① 李媛．个案社会工作方法应用于社区矫正的实务探究［D］．兰州：甘肃政法学院，2018.

② 郑毓枫．个案社会工作介入社区矫正探析［J］．河南广播电视大学学报，2017，30（04）：44-46+57.

其次，是中观层面的方法技术。主要包含同伴教育、社群活动、小组游戏治疗等方面的方法技术。有学者指出，矫正社会工作的直接目标是减少服务对象重新犯罪。同伴教育是在具有同样犯罪的人员中，发现和培养思想和行为改善良好者作为“同伴辅导员”，与社会工作者一起开展教育辅导，其效果有如下表现：一是改变自我认同、提升自信；二是明确自身定位；三是提高帮助同伴的动力；四是增强抵御不良诱惑的能力；五是为其他同伴树立榜样。开展同伴教育的方法主要包含：同伴教育辅导员能力提升小组、同伴教育主题活动、“同伴信箱”、“同伴之音”、“同伴演讲”等形式。魏迪以社群主义理论、活动理论为基础论述社群活动在社区矫正社会工作开展中发挥的作用，社群活动的实施分为三个方面：一是了解矫正对象的需求，调动资源；二是培育有利于矫正对象的参与类组织；三是规划设计主题性活动，帮助矫正对象提升参与度，促进其融入社会。① 麦小华以对全能神邪教痴迷者开展的小组工作为例，通过运用小组辅导恰当的策略和方法促进邪教痴迷者之间互动、提高自我认识、学习新的行为方式和态度，帮助其坚定与邪教决裂的决心。通过开展多次小组活动、游戏治疗以及相关的研究发现，小组工作在群体性的改变、个体偏执性格改变、人际交往方面的效果较为突出。②

最后，是宏观层面的方法技术。主要包括社区、社会政策、多元主体及其互动性层面的研究。阙跃平从社会工作本位、司法系统本位、两者互动本位的视角来对社区矫正社会工作的研究进行梳理。提出推动构建政府主导、多元共治的矫正社会工作体系；目标导向下社会工作与社区矫正的弹性合作和反思完善。并基于在实践中形成的经验指出：在政

① 魏迪．“社群活动训练营”：矫正对象社区融入障碍的社会工作介入［D］．长春：长春工业大学，2017.

② 麦小华．全能神邪教痴迷者矫正的社会工作研究［D］．咸阳：西北农林科技大学，2017.

府制度设计层面，需构建合理的制度体系以充分发挥社会力量的主体优势。[①] 也有学者认为要通过依靠行政司法机关的力量、积极调动相关社会团体、专业社会工作机构和社会志愿者的力量来帮助达到引导社会力量参与社区矫正社会工作的目标。有学者指出在社区开展矫正社会工作也需要司法行政机关、居民委员会、社会保障部门、学校（针对未成年矫正对象）、专业社工机构、广大志愿者等之间的协调合作，通过强化以上相关部门之间的沟通协调机制来提高服务的效果。田闯在对我国相关矫正社会工作的政策依据研究的基础上，指出了相关的问题并提出建议，包括矫正社会工作矫正方法的专业化问题。[②]

（五）中国特色矫正社会工作的实务领域

在矫正社会工作的实务领域中，青少年是其中的重点领域，且相应的研究成果也十分丰富，在实践中的服务领域也广泛涉及。从矫正社会工作的服务领域来看，可以分为救助性服务、治疗性服务以及发展性服务三个层面。

首先，是救助性服务的研究。主要集中在事实孤儿、刑释人员、女性罪犯等。刘毅以社会支持理论和认知行为理论为支撑，结合个案工作方法对事实孤儿进行干预研究。事实孤儿即父母一方或双方，失踪或因其他原因没有死亡，但实际上无法提供经济支持和照料的儿童。其研究弥补了国内在事实孤儿实务领域研究的不足，并加深了对这一群体的了解，通过典型案例研究，干预事实孤儿的偏差行为，帮助其解决自身问题、摆脱困境，更好适应社会生活，促进社会的和谐与稳定发展。[③] 曹伊结合社区案例分析，通过对刑释人员回归社会后仍然面临的生活、心理、

① 阙跃平．多元主体及其互动性：我国社区矫正社会工作的实践与研究［J］．社会政策研究，2018（01）：106-119.

② 田闯．我国矫正社会工作的政策支持与完善［J］．青春岁月，2015（6）．

③ 刘毅．事实孤儿偏差行为矫正的个案社会工作介入［D］．长春：长春工业大学，2019.

社会、人际交往等诸多方面的问题的研究进行梳理，以生态系统理论、社会支持理论、再社会化理论为基础，收集信息资料，采用恰当方法介入其中，为矫正社会工作介入刑释人员社区矫正的研究提供了范本，对未来的实践研究具有积极意义。① 刘延利以女性罪犯群体的特殊性、矫正社会工作的价值理念等角度为切入点，充分论述矫正社会工作方法在其中的运用，具体包括微观层面，即对案主本人开展个案服务；中观层面，即将与案主背景经历相似的女性罪犯组成小组开展团体服务；宏观层面，即调动、联结案主周围的社会资源进行服务。② 杨梦暄的研究以优势视角理论、社会性别理论为支撑，对女性社区服刑人员进行个案介入，关注女性社区服刑人员在矫正过程中面临的诸如心理压力难以舒缓、渴望得到关怀、难以融入社会、受“罪犯”标签影响等方面的问题，帮助其树立自我认同，建立自信，提升融入社会的能力。③谭飘运用标签理论、生态系统理论以及认知行为理论，结合女性社区矫正对象的现状、面临的问题以及需求分析等提出完善女性社区矫正对象社会工作介入的对策建议，对于矫正社会工作的发展提供了新的探索路径。④

其次，是治疗性服务的研究。包括犯罪青少年、青少年暴力型犯罪、吸毒青少年等方面。有学者基于青少年犯罪的特点，对青少年的犯罪原因进行了系统论述。徐青青强调对于青少年犯罪不能单纯以谴责的眼光看待，应以宽容的心态去进行矫正服务，加强对其的关注和教育。⑤ 王天

---

① 曹伊．矫正社会工作介入刑释人员回归社会的实践［D］．长春：长春工业大学，2015.

② 刘延利．社会工作理念在社区矫正女性罪犯中的运用［J］．法制与社会，2014（31）：117-118.

③ 杨梦暄．社会工作介入女性社区服刑人员的社区矫正研究［D］．保定：河北大学，2019.

④ 谭飘．女性社区矫正对象的社会工作介入研究［D］．长沙：湖南师范大学，2017.

⑤ 徐青青．青少年矫正社会工作的服务思考——以青少年犯罪为例［J］．科技经济导刊，2018，26（06）：186.

瑞则详细论述了矫正社会工作方法运用于青少年犯罪的工作原则，强调矫正社会工作方法在其中的具体运用，包括注重建立良好专业关系；注重个体化差异，量身定制矫正方案；注重心理层面的技术，发挥专业优势等；建立专属社会支持网络等。①石晓艺以青少年暴力型犯罪个案为例，采取认知行为治疗模式开展服务，帮助矫正对象重塑自我认知、纠正不良行为，进行服务反思与评估。并根据案例分析得出认知行为理论在服务过程中应用的效果与不足的结论。② 李村举通过深圳市的一所强制隔离戒毒所的实务探索，得出角色矫正能有效帮助吸毒青少年重构新角色、帮助其实现社会回归的结论，并作出了有关戒毒青少年角色矫正的评估与反思。③

最后，是发展性服务的研究。包括社区、家庭、学校等层面的介入。杨俏以社会工作介入社区矫正的实践困境分析为例，系统归纳了社会工作者介入社区矫正的区域性发展困境，并在此基础上提出了相应的区域性优化建议，对未来相关的矫正社会工作研究具有积极意义。④ 张应义强调从家庭层面、社区层面入手，完善社区矫正社会工作的实践探索。认为在家庭方面，应注重“爱的呼唤”，加强心理技术的运用，采取家庭会议等方式帮助案主树立信心、获得家人的支持。在社区层面，重视内观疗法，调动矫正对象的亲情感、消除暴力倾向、反省不良行为，逐步回归社会。在社区积极开展矫正服务，践行社会责任。⑤

---

① 王天瑞．论青少年罪犯社区矫正的原则与方法——以社会工作方法介入为视角［J］．河南司法警官职业学院学报，2018，16（03）：43-47.

② 石晓艺．青少年暴力型犯罪社区矫正的社会工作介入研究［D］．兰州：西北师范大学，2018.

③ 李村举．社会工作介入吸毒青少年戒毒问题研究［D］．郑州：郑州大学，2019.

④ 杨俏．社会工作介入社区矫正的区域性发展困境探究［D］．长春：长春工业大学，2019.

⑤ 张应义．润物细无声——社会工作在社区矫正中的探索实践［J］．中国社会工作，2018（36）：26-27.

（六）中国特色矫正社会工作的社会政策

中国共产党在十六届六中全会上通过的《中共中央关于构建社会主义和谐社会若干重大问题的决定》中明确提出了建设“宏大的社会工作人才队伍”的战略任务，强调指出“造就一支结构合理、素质优良的社会工作人才队伍，是构建社会主义和谐社会的迫切需要”。矫正社会工作作为社会工作中一项重要的内容，建立健全矫正社会工作体系、打造一支结构合理、素质优良的矫正社会工作人才队伍亦是构建社会主义和谐社会的迫切需要。总体来看，矫正社会工作的发展主要得益于我国社会工作人才队伍建设、政府购买服务项目、矫正社会工作服务等的相关社会政策的推动。具体表现在以下方面。

首先，是学科体系建设的研究。随着矫正社会工作的发展，相关的学科体系建设也在不断建立和完善。一方面，从学科体系建设上来看，大部分研究认为我国的矫正社会工作仍处于起步阶段、探索阶段，还有较大的提升空间。2003 年，北京、天津、上海、浙江、江苏、山东 6 个省市成为我国首批社区矫正工作试点省市，2009 年，社区矫正制度开始正式在全国范围内试行。随着社会化进程的加快，社会工作介入社区矫正也日趋常态化。学者刘刚的研究发现，我国的社区矫正试点工作在一些发达地区已经形成了具有自身特色的工作模式，比如“北京模式”“上海模式”“浙江模式”等。另一方面，从能力建设层面来看，已有的研究多从矫正社会工作的困境、制约因素及干预策略等角度来进行论述，缺乏对矫正社会工作的能力尤其是核心能力的研究的归纳和总结。此外，也有研究认为，在矫正社会工作督导方面，存在着督导体系不够健全、督导能力薄弱、督导人才专业性缺乏等不足。

其次，是关于人才队伍建设的研究。矫正社会工作者的素质直接影响到服务的成效，是反映矫正社会工作发展水平的一个重要方面，也是影响矫正社会工作发展的因素。因此，需要加强对矫正社会工作者系统的专业化训练，规范矫正社会工作者的职业培训及资格认证。有学者指出要建立专业的工作机构和运作模式，包括合理的组织机构和机构设置、组建相关社会团体、建立行之有效的运作模式等。也有学者针对矫正社会工作的发展现状，提出要加强对矫正机构设置、人员配备、矫正社会工作者的评估，具体从监督机构、评估体系、奖惩机制等方面进行。魏卓然从社会工作的理念、方法与社区矫正主要功能的契合角度，分析了我国社区矫正社会工作队伍建设的现状及制约因素，具体表现在：缺少专业矫正队伍、社会力量介入职责不清晰、社区矫正队伍专业素养不够高等方面。① 卢小莲也注意到矫正社会工作中人才队伍存在的问题，通过对比归纳总结出相关成因，并在此基础上提出了建设性的建议：主要包含完善政策配套、明确工作权责；加强行业宣传，提升职业认同感；加大财政投入，扶持发展；构建人才培育体系、提升人才素质。② 胡娟的研究发现，在社会工作介入社区矫正中，引入"时间银行"制度，可以缓解我国社区矫正中人力不足的矛盾，也可以方便老年人的生活。我国的南京、南宁、重庆、成都等地已经引入了"时间银行"模式。③

最后，是政府购买服务研究。政府作为矫正社会工作的责任主体，在矫正社会工作中的角色和作用主要表现在三个方面：一是政府担负着组织领导者的角色，二是政府担负管理协调的责任，三是政府负责提供资源。在我国，矫正社会工作机构一般通过政府购买服务的方式保证其运行，并为社区服刑人员提供综合社会服务。邱欢颖针对学术界关于政府购买矫正社会工作服务的研究薄弱的问题，从其中的供求矛盾方面展开研究，对此作出合理解释，并通过案例研究从建立宏观法律政策体系、

---

① 魏卓然．社会工作语境下社区矫正队伍建设的思考［J］．智库时代，2017（14）：242+244.

② 卢小莲．现状与破局：社区矫正社会工作人才队伍发展前瞻［J］．大社会，2018（09）：75-77.

③ 胡娟．社区矫正中的公众参与：立论基础及实践路径［D］．镇江：江苏大学，2019.

发展壮大社工行业队伍、转变购买观念的角度提出了应对的策略及建议。[①] 戴香智则通过对社工机构参与社区矫正实践场域的制约与困境的分析，提出有关推进社会工作参与社区矫正服务效果的对策建议。[②] 总体来看，有关政府购买矫正社会工作服务的研究不够多也不够深入，相关研究还有很大的拓展空间。

（七）中国特色矫正社会工作的域外经验

矫正社会工作是一件舶来品，随着社会工作的引入，我国的社区矫正等得以发展。并在国外经验的学习、借鉴下不断探索自身的发展模式。对于矫正社会工作域外经验的分析上看，可从两个方面进行考究。

一方面，是关于国外经验的研究。据考证，现代矫正社会工作起源于美国，创始人是拥有“感化工作之父”美誉的奥古斯特斯。1925 年，经《联邦观护法案》的通过，美国的矫正社会工作制度得以建立。随后，英国通过制定一系列的法律促进矫正社会工作的进一步开展。而日本的矫正社会工作则是在吸收了美、英经验的基础上于第二次世界大战后建立起来的。20 世纪以后，美国、英国、日本等国形成了完善的社区矫正社会工作制度、形成了一系列经典模式，且制度体系成熟化。李明从国外社区矫正社会工作的模式的角度入手，指出以下三种国外典型的矫正社会工作模式，主要包含：一是以美国、加拿大、澳大利亚为代表的“公众保护模式”，强调保护公众安全；二是以英国为代表的“刑法模式”；三是以日本为代表的“更生保护模式”。[③] 田兴洪对日本社区矫正社会工作中的参与模式进行了研究，对参与目标、主体、客体以及参与

---

① 邱欢颖．政府购买社区矫正社会工作服务的供求矛盾与出路研究［D］．广州：华南理工大学，2018.

② 戴香智．社会工作机构参与社区矫正的实践困境与消解［J］．湖南社会科学，2016（05）：94-98.

③ 李明．国外主要社区矫正模式考察及其借鉴［J］．中国司法，2008（01）：99-105.

的质量等进行了充分论述。① 周琴的研究发现，国外的矫正社会工作在得到国家的重视和社会的支持下形成了具有代表性的组织机构，并且还涉及广泛的工作领域，组织机构主要包含“中途之家”，帮助提高矫正人员的社会适应能力；“寄养家庭”，旨在对问题青少年进行观护、教育指导以及“感化院”，包括对犯罪青少年思想、行为的改造。② 社区矫正作为矫正社会工作中的重要环节，在我国各大试点地区都得到不同程度的发展。程艳青等人通过对中美两国矫正社会工作的比较，以矫正社会工作的主体定位、理论基础以及介入方式为切入点，指出了我国矫正社会工作需改进的方向。③

另一方面，是关于中国港台地区经验的研究。我国香港矫正社会工作主要借鉴英国的经验。从 20 世纪 30 年代感化制度自英国引入香港以来，对罪犯的判刑加入了对其背景的考量。经过多年的发展，香港逐步树立起一套以“社会服务令”等非监禁形式对罪犯进行矫正的制度体系。梁建雄对香港特别行政区的分类（包括官办和民办形式）及内容进行梳理，认为内地的矫正社会工作可从以下几个方面进行努力：一是社工的法定权责方面，二是给予社会工作服务机构充分的授权，三是在服务过程中以“弱标签化”为主旋律。④ 也有研究针对内地矫正社会工作在资金、权责、目标等配套方面的问题，为内地法例改革、司法部门和社会工作者职能安排等方面提供可供参考的维度。我国台湾的矫正社会工作也得到了长足的发展。1962 年，公布的《少年事件处理法》首创少年观

① 田兴洪. 中日社区矫正中的社区参与模式比较研究［J］. 法学杂志，2015（1）：90-97.

② 周琴. 断裂与弥合：甘肃省 D 市社区矫正的社会工作介入研究［D］. 兰州：甘肃政法学院，2017.

③ 程艳青，孙启洲，刘天宇. 中美矫正社会工作比较［J］. 群文天地，2012（06）：198.

④ 梁建雄. 平衡帮扶与发展——香港特别行政区社区矫正社会工作对内地的启示［J］. 中国社会工作，2019（19）：44-45.

护制度，开启了台湾矫正社会工作的先河。随后，台湾的矫正社会工作制度逐步完善。刘强借鉴台湾地区社区矫正社会工作的经验，认为大陆社区矫正社会工作应从如下几个方面进行完善：一是专门机构职权清晰化，二是实行垂直管理，三是加强对工作人员的专业化培训。①

（八）中国特色矫正社会工作的本土实践

社区矫正作为矫正社会工作中一个重要的领域，在实践中得到广泛的应用。我国社区矫正社会工作起步于21世纪初期。经过十几年的发展已经开创了独具特色的本土模式。矫正社会工作在国家、政府相关政策的扶持、高校专业教育的培养下不断开展多元性、创新性的探索，各地区也根据不同的经济、社会发展水平而呈现多元化发展的态势，在社区实践中主要形成了“北京模式”“上海模式”“广州模式”“深圳模式”等。经济基础决定上层建筑，不同的发展程度主要是经济发展的差异而导致的。也有不少研究对这些地区的发展模式进行了分析与总结。具体表现如下：

首先，是“北京模式”的实践研究。有学者将北京模式描述为行政模式。熊贵彬的研究表明，北京市通过三个阶段的发展（主要是第一阶段的2003至2007年、第二阶段的2008至2013年以及第三阶段的2014年至今），构建了较为完善的市、区和街乡三级社区矫正社会工作管理网络。社区矫正社会工作管理体系还整合相关社会力量帮助提高服务成效。他还指出北京模式的总体发展方向是强化监管力度。同时也注意到了区域模式发展的新变化，表现在北京模式的实践新特征就可概括为：“中途之家+市初始教育中心”。② 阙跃平也赞同将北京模式描述成行政化模式的

① 刘强．台湾观护制度组织建制及其对大陆社区矫正的启示［J］．青少年犯罪问题，2019（04）：41-47.

② 熊贵彬．综合管理模式：社区矫正二难困境“监管-恢复”的应对之策——兼论司法社会工作参与路径［J］．中国社会工作研究，2018（02）：140-163.

观点，行政化模式即强调以行政系统工作人员进行社区矫正为主，重视社会管理效率和社会安全。① 刘森林通过梳理北京模式经历的“初期试点”“第二批试点”“全市推广”这三个阶段的发展，归纳出北京模式已经形成的较为完善的组织运作和政策法规体系。北京模式在人员队伍方面独创性地打造“3+N”模式（“3”即司法工作人员、公安部门干警以及专业社工；“N”即社会各界力量），同时司法行政部门还设立“阳光社区矫正服务中心”，加强管理。②

其次，是“上海模式”的实践研究。在众多文献中，“上海模式”被描述为专业模式。有学者认为上海模式的发展也可大致分为三个阶段，包括初步探索、建立服务社、集中指挥等方面。熊贵彬通过分析研究得出上海模式的总体发展方向是不断增强社区矫正的社会工作专业性的结论。在具体的运作模式上，执行主体和工作主体是适度分离的。同时也通过对比分析发现，从北美的分析框架来看，北京模式基本上属于监督模式，上海则属于矫正恢复模式。③ 目前学界普遍认为上海模式强调专业化方法以及人性化服务，是一种购买社会工作组织的服务。刘森林也认为上海模式的专业化体现在专业的工作交由专业的社工机构来负责，成立市级社区矫正办公室全局指导工作，由政府购买服务让专业的机构和人员来负责矫正工作。比如设立新航社区服务总站，承包部分工作，开展具体服务。④

最后，是其他地区的实践探索。有学者选取典型案例来研究落后地区以及发达地区的矫正社会工作发展现状。研究发现，在部分落后地区，限于经济发展状况、人民文化素质水平以及一些主客观条件的限制，矫

① 阙跃平．多元主体及其互动性：我国社区矫正社会工作的实践与研究［J］．社会政策研究，2018（01）：106–119.

② 刘森林．社会工作介入社区矫正问题探究［D］．合肥：安徽大学，2017.

③ 熊贵彬．综合管理模式：社区矫正二难困境“监管–恢复”的应对之策——兼论司法社会工作参与路径［J］．中国社会工作研究，2018（02）：140–163.

④ 刘森林．社会工作介入社区矫正问题探究［D］．合肥：安徽大学，2017.

正社会工作并未得到充分的发展，这些地区关于矫正社会工作的研究就更为缺乏，同时这些情况更应该引起相关部门的重视并积极寻找解决途径。江苏省的实践工作也有所推进。比如在江苏省宜兴市设立方圆帮教中心，该中心由企业资助与政府共同建立，后交由司法行政部门运行。另外，还有研究分析了不同地区矫正社会工作实践的开展情况，比如广州市司法局制订相关矫正社会工作服务方案，投入大量资金购买社会工作服务；湖南省司法厅也依照相关服务实施方案进行政府购买矫正服务的试点。也有学者重点关注沿海地区的矫正社会工作研究，这些地区经济发展迅速、结合本地特色，在实践中形成了独特经验。比如浙江省诸暨市的“枫桥经验”，主要由镇司法所、协作站、矫正小组、对象家属等构成。在社区矫正社会工作实践中成效显著。总体来看，我国的社区矫正社会工作在实践中形成了独具特色的本土发展模式，相关研究也逐步增多。但是大多数学者重视理论研究，实践过程相对显得单薄，研究的宏观层面多于微观层面。另外，相关工作的开展较晚，在工作的专业化程度上不够高。

二、中国特色矫正社会工作的本土反思

21 世纪初以来，经过十多年的探索与发展，我国矫正社会工作研究在专业化、本土化以及多元化的道路上不断拓展和延伸，相关服务的研究也不断得到创新和深入性的发展，取得了一系列成就。

首先，是研究成果不断丰富。具体表现为：一是成果数量上的增多。通过在知网上检索发现，自 2012 年以来，平均每年至少有 19.5 篇文献研究发表，与 2003 年发表的 1 篇文章相比有较大提升。二是成果质量的提升。越来越多的矫正社会工作相关研究成果发表在各类核心期刊上。三是研究项目的不断支撑。从省级社会科学基金项目到国家社会科学基金项目的支持，矫正社会工作的研究得以进一步开展。四是成果发表的多

元化。越来越多的矫正社会工作研究成果可见于非矫正社会工作领域的期刊论文上。

其次，是实务研究不断深化。一是研究的主题逐步多元化，从偏差性行为到研究发展性行为，课题研究更为深入。二是研究群体不断扩展。从犯罪青少年、女性罪犯到刑释人员、事实孤儿的研究体现了研究群体的多元化特征。三是服务的方式和理念不断创新。矫正社会工作在实践过程中不断开创新方式、创立新模式，促进其发展。四是服务的经验不断积累。基于场域、人群、地区等的具体服务不断开展，并在实践中得以积累。

再次，是研究范式不断拓展。当前矫正社会工作的研究正在不断打破边界和藩篱、研究视野不断开阔，从人本主义到实证主义、建构主义等范式，相关研究也从诸多学科的角度进行分析，整合多种学科视野的研究，并且部分地区已经开始了独具中国特色的发展模式研究。

最后，是研究影响不断扩大。一方面，党和政府陆续出台相关政策，越来越多的研究成果基于政策研究，得到社会的支持，并且社会对矫正社会工作的关注度得到了提升。另一方面，部分矫正社会工作的研究建议对矫正社会工作的实践领域发展具有重要意义，推动了相关实务的发展。

随着社会、科技、经济、人文等的快速发展，虽然矫正社会工作的研究已经取得了一定程度的进步，但是面对新时代、新形势、新问题，当前矫正社会工作的研究有以下局限与不足。

首先，是研究成果的数量和质量有待进一步提升。一方面，相比于诸如医务社会工作、青少年社会工作、学校社会工作，分别达到 500 篇、600 篇、700 篇的数量，矫正社会工作的研究在数量、深度上还相差较远。另一方面，研究成果的质量不高。相关研究的成果多为学术论文、硕士学位论文，在核心期刊上发表的论文较少。且矫正社会工作相关研究的思辨分析多、理论分析较多，未能形成研究的核心领域；在实证研究上，总结提炼较少，显得证据支撑不足，服务的成效性难以得到体现。

其次，是研究的理论与实务有待进一步整合。具体表现为：一是目前国内矫正社会工作研究的理论支撑缺乏创新性发展，多个研究理论的同质性方面也未得到较好的归纳、整合。二是对于研究体系的范畴尚不清晰，缺乏对核心领域的集中研究以及对相关服务经验的主题提炼和总结研究。三是对于相关社会政策推广和落实的研究较少，主要的研究多集中于政策的可行性、现状以及必要性的研究。四是对于核心领域建设的研究不足。一方面，矫正社会工作核心能力规范不够明确。矫正社会工作者的专业性相对不够高，理论与实践结合不够充分，在服务过程中体现的技术方法显得碎片化、狭窄化，专业的核心能力与竞争力不够高。另一方面，相关的研究机构与平台不足，难以形成支撑研究的社会力量。相关研究需进一步促进理论与实践的集合，才能更好推动其发展。

再次，是研究的视野与范式还需进一步拓展。一方面，目前相关研究的理论视角缺乏创新性，多集中于问题导向，对于多样化的研究视角涉及不够。且多数研究以思辨性分析为主，在文献的证据支持方面显得较为单薄。另一方面，目前的研究虽有对国外经验的引进与借鉴，但在深度和广度上还远远不够，缺乏对于国外研究经验的总结分析的探讨，在结合国情、本土特色的实践上还有较大提升空间。而对于未来研究方向的探讨也鲜有涉猎，缺乏结合经济、社会、科技发展的新时代下矫正社会工作的前瞻性研究。

最后，是研究的体系与框架有待进一步构建。目前我国矫正社会工作研究在学科建设体系方面存在着局限与不足，学科话语体系建设滞后，具体表现在：一是对于矫正社会工作的经验分析和案例分析较多，而对于相关矫正社会工作的发展规律、学科研究以及理论分析较为缺乏，对于矫正社会工作学科的可持续发展产生了消极影响。二是目前研究的专业学科团队力量薄弱，矫正社会工作者的专业性有待进一步提升，矫正机构及人员的权责划分不清晰，团队能力建设不足。三是矫正社会工作专业地位还不够高，学科话语权较低，还需进一步提升，改变学科话语建设滞后的现状。四是目前学科建设研究的影响力不高，难以支撑学科建设及人才培养的可持续性发展。

三、中国特色矫正社会工作研究的趋势展望

随着国家相关政策、法律制度的颁布与实施，矫正社会工作的发展得到了有力的支持，其地位、话语体系较之前有所提升。站在时代新起点上，矫正社会工作也需要不断实现可持续发展，回应时代主题，适应新形势、新要求，其研究的发展可从以下四个方面进行努力和提升。

首先，是要建设专业研究人才队伍，不断壮大研究力量。面向宏大的人才队伍建设目标，加强对工作人员的专业培训，注重专业人员的核心能力、竞争力的培养，建设专业的研究人才队伍。一是要加强对矫正社会工作的专业教育，培养更多人才投身实践、管理、教育的研究工作，规范矫正工作人员的权责体系，明确职责范围，促进服务成效的提高，提高研究的实证性。通过壮大研究力量来促进研究成果质量的提升。二是整合多学科力量及视角，综合分析不同理论视角下研究的有效性，加强对机构组织、社会政策、研究平台等的研究分析，发现研究成果发展的规律，以此推动未来研究的进程。三是加强对已有研究的回顾分析、归纳总结。找出以往研究中的不足与可供借鉴的部分，分析研究规律，指出未来研究发展的趋势，增强前瞻性研究。四是整合社会资源，调动社会力量促进研究的进一步开展。着重于政府购买服务的研究，高度重视国家、政府关于矫正社会工作层面的相关政策，注重对矫正社会工作重大议题的研究，帮助提高国家对矫正社会工作的支持力度。

其次，是要吸收借鉴国外研究经验，结合国情促进本土特色模式发展。西方部分发达国家矫正社会工作起步较早，社会历史基础丰富。经

过多年的发展，西方发达国家的矫正社会工作研究已经形成了成熟的学科体系和框架。基于此，未来我国矫正社会工作的研究应立足本土，结合国情，放眼于世界，以期实现矫正社会工作研究的国际经验与本土特色经验的有机结合。一是要有选择地吸收国外研究经验中的有益部分，学习借鉴域外服务经验，加大翻译、引进国外矫正社会工作研究文章、著作的力度，对本土服务经验进行总结、反思。二是在吸收、借鉴国外矫正社会工作的基础上，反思、归纳本土研究的模式，进一步促进本土研究学科体系的建设。三是不断创新研究机制和模式。加强对工作人员的职业规范培训，注重研究的规范性和科学性，尤其是要注意加强对工作者证据为本的研究能力的训练。四是在本土实践基础上，总结发展的趋势及规律，加强政策研究，形成本土特色学术研究团体。

再次，是要拓展研究范畴，厘清研究对象各方的关系，找准自身定位。目前的相关研究在对关系定位、研究界限、相关工作的介入等方面缺乏相应的总结和分析。因此，未来矫正社会工作需在自身定位、明确自身的权利和职责、发挥自身优势、建立高效合作机制的方面进行努力。一是要持续开展多类型的研究，在实务研究的基础上加强调查、理论的研究，拓展研究的范畴及边界，提高研究成果的影响力。二是要采取恰当的、多样化的方式加强不同领域的协通合作研究，促进跨专业、跨学界、跨领域的合作研究，推动矫正社会工作研究的多元化发展。三是要加强对相关领域服务者、研究者、管理者之间的沟通协调，厘清相关利益方之间的关系，找准自身定位，明确自身权责，发挥自身独特优势。四是要注重矫正社会工作的项目化研究。加强证据为本的研究力度，注重在项目开展过程中具体落实的可行性、有效性分析。

最后，是结合本土特色模式，构建中国特色矫正社会工作体系。矫正社会工作综合社会学、心理学、人类学、犯罪学、社会工作等诸多学科理论体系，在研究中需借鉴、融合其他学科的理论知识，完善自身理论体系。一是要与我国具体国情、党和国家、社会发展中心任务、党的领导以及时代发展要求等结合，不断更新、发展服务的价值理念，促进矫正社会工作理论体系的建立。面对新世纪、新形势、新要求，矫正社会工作研究需不断完善自身体系框架，拓展研究视野及理论范式，以适应时代发展的需要。二是要不断深入挖掘我国在本土特色地区发展模式中的有益经验和宝贵的方法技术，总结基于实践上的方法技术，建立具有中国特色的矫正社会工作方法体系。三是要深入到矫正社会工作的各个程序，多个环节。减少在服务过程中的盲点。具体在司法判决前的矫正社会工作、监禁处遇中的矫正社会工作，社区中的矫正社会工作展开深入的研究，不断建立并丰富矫正社会工作的服务内容体系。四是要加强专业教育、加大培训力度，规范职业建设体系，促进中国特色矫正社会工作研究专业化的发展。构建专业学科话语体系，提升学科话语体系地位。通过推动相关学科体系建设、科学研究、模式创新、服务推广以及实务研究，构建新世纪中国特色矫正社会工作体系。

第八章　接纳与预防：新世纪我国艾滋病社会工作研究

新世纪以来，社会工作以实施“健康中国行动”为契机，全面参与艾滋病防治工作，始终关注感染者及患者生存状况及现实需求，在调查研究、服务干预以及政策倡导等方面开展了多元探索，并积累了一定的实务经验、理论成果与可行模式，但面对未来人民群众日益增长的公共健康需求，艾滋病社会工作研究仍需要进一步拓展和深化，努力形成中国特色的艾滋病社会工作学科话语体系。

一、中国特色艾滋病社会工作研究的核心议题

（一）艾滋病社会工作的价值伦理

一方面，是伦理议题的研究，即对在社会工作介入艾滋病防治的实务过程中所遇到的伦理困境及其冲突的研究。安民兵认为在对艾滋病患者提供社会工作服务的过程中，任何机构和人士都需要充分尊重患者的主体地位、知情权和隐私权[①]。刘斌志则将艾滋病社会工作过程中的伦理议题总结为：一是艾滋病宣传教育中的伦理议题，包括疫情严峻和社会认识、宣传理念与传统道德、积极与消极、知识性与警示性的矛盾；二

① 安民兵．艾滋病防治：一个社会工作的视角［J］．中国初级卫生保健，2006（10）：13-15.

是艾滋病筛查检测中的伦理议题，包括强制性与自愿性、只检测与宣传教育、记名与匿名、结果保密与相对公开的矛盾；三是艾滋病行为干预中的伦理议题，包括宽容与惩罚、是否强制隔离、减少与纵容高危行为的矛盾；四是艾滋病医疗救治中的伦理议题，包括针对性与标准化、利益公平分配与资源合理分配的伦理问题；五是艾滋病防治政策中的伦理议题，包括公平性与效率、个人自由与国家控制、个人权利与公共健康、社会排斥和社会接纳的冲突①。

另一方面，是价值理念的研究，即艾滋病社会工作应该遵循的伦理守则和职业道德。向德平等认为社会工作介入艾滋病患者救助需要遵循的价值准则包括：一是明确艾滋病患者受尊重的主体地位；二是为艾滋病患者提供专业的、充满人文关怀的服务；三是救助艾滋病患者是社会的责任和义务②。在有关基本理念的论述中，大多数研究者认为艾滋病社会工作应遵循社会工作的核心价值体系，既要体现对艾滋病患者个体权利的尊重，也要强调社会公平公正的环境。也有学者认为艾滋病社会工作需要遵循尊重原则、宽容原则、行善原则、互助原则以及公正原则等。

（二）艾滋病社会工作的理论视角

首先，是社会支持理论视角，即强调通过挖掘、整合和重构艾滋患者及其家属的社会支持网络来促进其社会功能的恢复。陆一琼的研究从先赋性支持、自致性支持、教育机构支持、社会权力机构支持和社会性组织支持等角度出发，分析了艾滋孤儿社会支持差异性的表现及原因，并从政府监督政策落实、艾滋病知识宣传教育、社区支持网络建立、艾滋孤儿监护人的培训与管理、第三部门的引入等方面对艾滋病社会工作

① 刘斌志．艾滋病防治的社会工作研究［M］．北京：中国社会科学出版社，2013：42-49.

② 向德平，李光勇．社会工作：艾滋病患者救助实践的新路径［J］．河南社会科学，2010，18（01）：122-125+219.

的实务与政策提出了建议①。李光勇则探讨了少数民族艾滋病患者的正式支持和非正式支持不足的表现、原因及影响，并强调从政府、非政府组织、民族文化、能力建设以及社会工作等角度提供社会服务②。此外，还有部分研究者针对农村地区感染者、吸毒致病者、艾滋病患者家属、艾滋病社会工作者以及艾滋病社会工作机构的社会支持的结构以及重构进行了探讨。

其次，是社会排斥理论视角，即注重对于艾滋患者社会歧视和社会排斥现象的定性定量分析，从而促进更加公平公正的社会环境。周晓春分析了艾滋患者所面临的家庭、社区、医疗、教育以及就业排斥的状况，并建议通过社会工作促进艾滋患者的社会接纳与社会融入③。杨慧的研究则认为我国艾滋病群体的社会排斥有宏观和微观两个层面，具体包括法律与制度排斥、经济排斥、环境排斥，并表示社区社会工作在解决艾滋病社会排斥问题上有其独特的方法和优势④。陈婧则基于社会排斥理论，评述了反艾滋病排斥服务项目的运行及其评估情况，强调反艾滋病排斥项目的运作要基于人性关怀，坚持多元参与机制，充分整合社会资源⑤。

再次，是优势理论视角，主要是在分析艾滋患者抗逆力影响因素的基础上，促进其潜能激发与优势重建。王君健的研究运用抗逆力理论检视受艾滋病影响的儿童，发现该群体的抗逆力呈现出生成中的多元化差异、养成中的向光性扭曲和实践中理想状况剥离的特征，并表示依据解

---

① 陆一琼．艾滋孤儿社会支持网络及其差异性研究［D］．武汉：华中师范大学，2007.

② 李光勇．艾滋病患者社会支持体系研究［D］．武汉：武汉大学，2010.

③ 周晓春．社会排斥、社会工作与艾滋病防治［J］．中国青年政治学院学报，2005（03）：6-9.

④ 杨慧．从社区社会工作视角看艾滋病的社会排斥问题［A］．中国自然辩证法研究会．第三届全国科技哲学暨交叉学科研究生论坛文集［C］．北京：中国自然辩证法研究会，2010：3.

⑤ 陈婧．反艾滋社会排斥的社工服务项目问题研究［D］．沈阳：辽宁大学，2014.

构困境、建构意义、重构生活、整合资源的逻辑，进行的社会工作专业干预，能有效地促进服务对象的“自我刚化”和个体发展[①]。刘斌志则提出从生态系统观出发，坚持复原力培育的优势视角，强调运用社会工作综合手法激发艾滋患者的内外保护因子，实现复原力培育的本土化[②]。

最后，是污名化理论视角。杨卫卫从农村艾滋孤儿的偏差行为出发，论述了污名获得的原因和过程、污名产生的后果、污名的固化以及污名矫正的必要性，认为污名承受者、污名施加者、社会工作者是污名矫正的主要参与主体，并提出从个体层面、群体层面、社区层面对污名进行矫正[③]。张敏则发现受艾滋病影响的儿童由于其父母身患艾滋病而承受着不同类型和不同来源的污名，对其生活、学习、人际交往等各方面带来了消极的影响，提出采取个案工作介入以帮助其重塑认知、消除自我污名；通过小组工作介入以达到其互惠自助，促进集体增权；通过社区工作介入以确保其回归社区，完善社会支持[④]。另外，吴曹祯姝通过对大学生进行艾滋病污名的调查，发现大学生对艾滋病患者存在内隐层面的污名，而适当的小组活动干预有利于降低大学生对艾滋病的污名[⑤]。

(三) 艾滋病社会工作的方法技术

首先，是个案工作方法，即通过个别化的方式协助艾滋患者及其家庭实现社会功能恢复。周晓春认为通过协助艾滋患者及其家属适应各种身心和社会压力，可以减轻其面对的社会排斥和心理压力，促进社区参

① 王君健．受艾滋病影响儿童抗逆力养成的社会工作介入［J］．中国青年研究，2009（11）：17-21.

② 刘斌志．社会工作视域下艾滋患者的复原力研究［J］．华东理工大学学报（社会科学版），2010，25（03）：25-34.

③ 杨卫卫．农村艾滋孤儿污名化的后果及矫正［D］．武汉：华中师范大学，2013.

④ 张敏．受艾滋病影响儿童的污名现象分析及社会工作介入策略研究［J］．青少年学刊，2016（02）：3-6.

⑤ 吴曹祯姝．大学生艾滋病污名研究及干预［D］．南京：南京大学，2013.

与和社会融入①。刘斌志认为艾滋患者的个案工作主要是改善艾滋病患者个人及其家庭的免疫观，具体包括处理当事人负面情绪、提高心理承受能力、提供免疫力知识和咨询服务、增强当事人免疫力、协调艾滋病患者的家庭关系与医患关系等②。刘洪波认为个案工作是最基础、最重要的女性艾滋病感染者服务，具体可分为情绪类、婚恋关系类、疾病保健类和自我发展类个案服务③。龙翠芳的研究也支持个案工作是对吸毒者、性工作者和男同性恋等艾滋病高危人群最主要的方法，主要是围绕其公共福利、行为矫正、疾病康复、权能增强、社区参与等方面针对性开展服务④。吴晨阳则通过行动研究演绎了针对感染 HIV 的男同的个案服务流程，发现个案工作有利于提升该群体成员的抗逆力⑤。

其次，是小组工作方法，即通情境设定、氛围营造和沟通互动来促进艾滋患者的群体性复原与成长。晏小红基于某地艾滋患者服务需求及社会支持的分析，探讨了艾滋患者社会支持网络建构的小组工作原则、内容及其注意事项⑥。基于某地农民工艾滋病同伴教育项目开展的小组工作，唐晓容则强调同伴教育在农民工艾滋病教育中的重要意义，并探讨了具体的工作者选择、价值教育、项目运行以及整体评估策略⑦。刘斌志

① 周晓春．社会排斥、社会工作与艾滋病防治［J］．中国青年政治学院学报，2005（3）：6-9.

② 刘斌志．社会工作视野下艾滋病患者免疫观的影响因素及其改善策略［J］．卫生软科学，2010，24（4）：365-367.

③ 刘洪波．女性艾滋病感染者的需求分析及社会工作实践介入［D］．长春：吉林大学，2014.

④ 龙翠芳．社会工作介入艾滋病患者及其高危人群社会治理的研究［J］．医学与社会，2016，29（7）：23-26.

⑤ 吴晨阳．男同艾滋病感染者的抗逆力提升研究［D］．桂林：广西师范大学，2017.

⑥ 晏小红．农村地区艾滋病患者的社会支持网络研究［D］．武汉：中南民族大学，2009.

⑦ 唐晓容．小组工作在农民工艾滋病同伴教育中的应用——以东莞“健康俱乐部”项目为例［J］．长沙民政职业技术学院学报，2010，17（02）：16-19.

的研究厘清了艾滋病防治中小组社会工作的含义、意义及其理念，并着重分析了治疗模式、互惠模式、社会目标模式以及发展性模式的具体运用策略①。

再次，是社区工作方法，即通过结构化与宏观介入的策略，开展艾滋患者的社区动员、社区教育以及社区照顾等。周晓春指出艾滋病的社区介入包括艾滋病防治教育、建立社区支持网络、提高社区成员对艾滋病的认识以及消除社会歧视和社区排斥等②。甘开鹏等的研究构建了艾滋病的社区照顾理念，并拓展出专门机构与社区发展协会两种模式③。纪文晓则认为艾滋病的社区工作必须以社区居民为中心，通过社区关系、社区环境与社区教育等策略发挥作用④。

最后，是个案管理方法，即面向问题复杂性和需求多样性的艾滋患者，提供系统整合性、跨专业合作性和资源链接性的服务，来促进其能力建设和可持续发展。李建维等通过某医院艾滋病抗病毒治疗中施行个案管理模式前后数据的对比，发现个案管理模式提升了病人的治疗依从性和存活率，资源整合和利用效率大大提升，失访人数、转出人数、死亡人数及停药人数有明显的下降，总体服务成效明显⑤。付思云等人的研究认为个案管理模式可以协助艾滋病患者解决生活中面临的问题，提高社会资源使用率，促进自我健康管理，最终实现控制医疗成本，提高患

① 刘斌志．论小组工作介入艾滋病防治的理念与模式［J］．重庆师范大学学报(哲学社会科学版)，2015（4）：91-97.

② 周晓春．社会排斥、社会工作与艾滋病防治［J］．中国青年政治学院学报，2005（3）：6-9.

③ 甘开鹏，张河川．社区照顾及其在艾滋病防治中的应用［J］．白求恩军医学院学报，2006（04）：212-213.

④ 纪文晓．社会工作方法在艾滋病致孤儿童救助工作中的应用——以河南省为例［J］．社会工作（下半月）（理论），2007（10）：19-20.

⑤ 李建维，张晶，邵英，等．个案管理模式在艾滋病抗病毒治疗中的应用及效果［J］．中国艾滋病性病，2017，23（07）：657-659.

者生活质量的目标①。董宁等人的研究则以上海市公共卫生临床中心艾滋病个案管理实践，构建了一个包括目标设定、过程规范以及实施策略的中国特色艾滋病个案管理体系②。

（四）艾滋病社会工作的发展模式

首先，是专业化发展模式。向德平等从整体视野分析和论证了社会工作专业性的价值基础、理论视角以及工作模式是解决艾滋患者的心理问题、恢复患者社会关系与提升患者社会功能的新路径③。周晓春的研究强调深入艾滋患者的政治经济以及文化处境，专业的同感和共情技术可以提升介入成效④。王君健则着重关注受艾滋病影响儿童的抗逆力特质，探索了抗逆复原技术在社会工作介入艾滋病防治中的重要意义及其具体策略⑤。

其次，是本土化发展模式。一方面是艾滋病社会工作的本土化运用研究。甘开鹏等探讨了西方社区照顾模式中国化运用的原则与框架，并通过专业社会工作者的培养、正规照顾和非正规照顾相结合、社区照顾和家庭照顾相结合等途径来建立适合我国国情的社区支持和家庭关怀服务模式⑥。纪文晓基于社会工作三大传统方法在艾滋病致孤儿童救助服务

---

① 付思云，陈庆玲，李惠琴．艾滋病病毒感染者和艾滋病病人管理模式展望［J］．中国热带医学，2015，15（03）：380-383.

② 董宁，干艳娟，张林，等．艾滋病个案管理研究现状［J］．护理研究，2015，29（05）：513-516.

③ 向德平，李光勇．社会工作：艾滋病患者救助实践的新路径［J］．河南社会科学，2010，18（01）：122-125+219.

④ 周晓春．社会排斥、社会工作与艾滋病防治［J］．中国青年政治学院学报，2005（3）：6-9.

⑤ 王君健．受艾滋病影响儿童抗逆力养成的社会工作介入［J］．中国青年研究，2009（11）：17-21.

⑥ 甘开鹏，张河川．社区照顾及其在艾滋病防治中的应用［J］．白求恩军医学院学报，2006（04）：212-213.

中的行动研究，构建了艾滋孤儿的社会工作的本土模式[①]。另一方面是本土实务模式的总结研究，尤其是以华中地区的经验较为典型，并呈现出湖北和河南两种不同模式。湖北地区的研究主要归纳分析了艾滋病流行的社会文化背景、艾滋病患者的困境及需求、艾滋病患者的心理及行为特征、艾滋病患者的社会处境及社会支持等。河南地区的研究针对受艾滋病影响儿童的生存、健康、教育、心理方面的问题与需求，构建了具有河南特色的艾滋病社会救助、支持和社会福利体系。

最后，是项目化发展模式，即以项目管理的模式与程序推动社会工作介入艾滋病防治领域，从而保障实际服务的成效。一方面是项目实施与问题的研究。唐晓容基于某“健康俱乐部”项目的实务经验，论述了社会工作介入艾滋病防治服务中需要明确的项目人员、价值准则、服务衔接以及整体评估等主题[②]。刘芳等以某校青春健康教育项目为例，论述社会工作介入艾滋病防治宣传教育的理论依据、实践过程、服务体系、项目成效及其具体特色，强调“四位一体”健康教育模式的优势与可行性[③]。另一方面是项目评估与改进的研究。徐元宵以某地民办社工机构参与艾滋病患者关怀项目为例，分别论述了艾滋病社会工作服务项目的运行现状、方案设计、面临问题，并从制度环境和自身能力方面提出了改进对策[④]。陈婧也讨论了艾滋病社会工作服务项目设计、运行与评估中的问题及原因，并着重分析了项目评估范围与主体、评估方式与标准、评

---

① 纪文晓．社会工作方法在艾滋病致孤儿童救助工作中的应用——以河南省为例［J］．社会工作（下半月）（理论），2007（10）：19-20.

② 唐晓容．小组工作在农民工艾滋病同伴教育中的应用——以东莞“健康俱乐部”项目为例［J］．长沙民政职业技术学院学报，2010，17（02）：16-19.

③ 刘芳，柯文艳．社会工作视角下“四位一体”高校青春健康教育模式的实践与反思［J］．红河学院学报，2018，16（3）：125-129.

④ 徐元宵．民办社工机构艾滋病患者关怀项目的运作研究［D］．沈阳：辽宁大学，2013.

估结果，指出应从专业社工队伍培养与政策解读宣传等方面改进①。

（五）艾滋病社会工作的实务领域

首先，是面向艾滋病患者的服务研究，主要聚焦于社会支持、免疫观、反歧视和隐私保护等领域。李光勇基于某地艾滋病患者社会支持现状的调查，指出艾滋患者社会支持不足，通过解析其社会支持不足及其原因包括经济、社会、家庭以及政策等方面，并建议从政府、非政府组织、民族文化、能力建设和社会工作等方面开展介入②。刘斌志等的研究认为积极的免疫观能够促进艾滋患者身心健康、降低艾滋病传播、节约社会医疗成本，社会工作需要遵循专业的素质要求和严格的伦理原则，从个案照顾、小组辅导、社区宣传教育以及政策倡导等多层面来提升艾滋患者的免疫观③。任滕飞则探索了社会工作介入艾滋病反歧视的可行性、现状以及内容，并分析了小组工作、社区工作、社会行政以及社会倡导促进艾滋患者社会融入的多元策略④。刘斌志的研究还特别聚焦了艾滋患者个人隐私和公共卫生健康的平衡问题，在综合公共卫生伦理、康德义务论和赫尔的功利主义的基础上，提出社会工作服务中有限度信息公开促进艾滋患者社会接纳的途径⑤。

其次，是面向艾滋病患者家属的服务研究，主要集中于受艾滋病影响儿童的抗逆力、污名化、社会支持、福利体系和社会救助，受艾滋病影响老人的生活救助，以及艾滋病患者家属的社会适应。孔丽娟通过对

---

① 陈婧．反艾滋社会排斥的社工服务项目问题研究［D］．沈阳：辽宁大学，2014.

② 李光勇．艾滋病患者社会支持体系研究［D］．武汉：武汉大学，2010.

③ 刘斌志，沈黎．艾滋患者免疫观的社会工作提升策略及其伦理考量［J］．华东理工大学学报（社会科学版），2011，26（01）：24-29+36.

④ 陈婧．反艾滋社会排斥的社工服务项目问题研究［D］．沈阳：辽宁大学，2014.

⑤ 刘斌志．艾滋患者信息公开的伦理困境及其社会工作出路［J］．学术论坛，2011，34（11）：75-80.

艾滋孤儿个体及其生存系统的全面剖析，发现了影响艾滋孤儿抗逆力发展的保护性和风险性因素，并基于优势视角提出提升艾滋病致孤儿童抗逆力的微观层面解构以及宏观层面建构的策略①。侯日云针对受艾滋病影响老年人的生活困境，探索了完善保障政策、引进专业社会工作者、构建社区照顾网络等服务策略②。刘斌志认为在艾滋病的多维影响下，患者家属在自我价值、心理情绪、婚姻家庭、日常生活、人际关系以及社会环境适应等方面存在多元需求，社会工作可以通过咨商辅导、健康教育、家庭辅导、社会支持以及个案管理等措施来促进其社会适应③。

再次，是面向艾滋病防治团队的服务研究，主要聚焦于社会工作机构的服务改进以及为艾滋病医疗团队的压力疏解。李志坚等对某地社会工作机构参与艾滋病病人关怀服务的做法与成效进行分析和评估的基础上，发现社会工作机构的参与与介入对艾滋患者的关怀服务具有适宜性和有效性，能使关怀服务更加专业、全面和可持续④。刘斌志等在分析艾滋病医疗团队成员的困难与压力的基础上，提出通过加强综合性的专业教育、给予工作人员心理与情绪的支持、倡导医院行政部门对医疗团队的支持、加强团队成员的自我调适等措施来协助艾滋病医疗团队成员舒缓压力⑤。

最后，是面向艾滋病高危人群的服务研究，主要聚焦于“同志”社区、高校大学生、吸毒人群和进城务工人员。江华等以某地同志社区成员为干预对象，通过创建社区工作组织、营造政策和环境、社区动员以

① 孔丽娟．艾滋病致孤儿童抗逆力研究［D］．北京：中国青年政治学院，2011.

② 侯日云．农村“受艾滋病影响老年人”研究［D］．武汉：华中师范大学，2009.

③ 刘斌志．社会工作视域下艾滋患者家属的社会适应研究［J］．贵州社会科学，2011（12）：45-49.

④ 李志坚，徐慧芳，李燕，等．社会工作机构参与艾滋病病人关怀服务的实践探索［J］．中国艾滋病性病，2011，17（4）：453-455.

⑤ 刘斌志，王丹丹．艾滋病医疗团队中社会工作服务的拓展［J］．现代预防医学，2007（22）：4340-4341+4343.

及同伴教育的策略，降低了“同志”群体HIV的感染风险①。焦红良等分析了高校开展艾滋病教育的必要性及社会工作专业学生进行艾滋病宣传教育的优势，并基于具体实践探索出一条促进社会工作介入艾滋病宣传教育的新型模式②。沈晖等的研究表明吸毒人群的认知水平、社会支持、政策保障、人生态度等因素对其接纳艾滋病防治措施有直接影响，并建议从理念、政策、服务三个层面对吸毒人群的艾滋病防治策略进行重构③。杨娟在对进城务工人员艾滋病防治现状、需求及其社会工作介入优势分析的基础上，提出社会工作介入需要遵循改善环境、加强管理、多部门参与、以社区为单位、社会性别视角的原则，探索了社会工作介入所采取的建立信任关系、开展宣教活动、培训相关人员以及创造行为改变条件等策略和技术④。

（六）艾滋病社会工作的社会政策

一方面，是艾滋病防治专业人才培养研究。实践证明，在艾滋病防治领域，具有社会工作专业背景及熟练掌握社会工作专业方法的人才能够发挥积极的资源链接以及服务整合的作用。自《关于加强社会工作专业人才队伍建设的意见》颁布以来，艾滋病防治领域的社会工作人才队伍建设及其研究也不断深化。杨莉的研究指出促进艾滋病致孤儿童社会支持网络的建立需要引进专业的社会工作人才⑤。武燕明的研究也提出通

---

① 江华，王晓冬，杨斗，等．“增权”取向的同志社区艾滋病综合干预［J］．中国艾滋病性病，2005（05）：381-383.

② 焦红良，徐选国，吴蒙蒙．我国社会工作学生介入高校艾滋病教育的实践及模式探索［J］．教育与职业，2010（21）：190-192.

③ 沈晖，耿柳娜．吸毒人群对艾滋病防治的接纳现状与影响因素［J］．人口学刊，2010（5）：25-31.

④ 杨娟．进城务工人员艾滋病防治的社会工作介入研究［J］．法制与社会，2011（06）：192-193.

⑤ 杨莉．艾滋致孤儿童青春期的社会支持网络分析［D］．北京：中国青年政治学院，2012.

过加大社会工作学科建设、建立专业人才培养培训机制、完善相关政策与制度以及培养专业化人才队伍来促进艾滋病防治领域的社会工作介入①。龙翠芳认为针对艾滋病患者及其高危人群实现社会工作与社会治理有效对接与契合需要建设一支结构合理、素质良好的社会工作人才队伍②。

另一方面，是政府购买社会工作服务项目的研究。自民政部、财政部《关于政府购买社会工作服务的指导意见》颁布以来，政府购买服务越来越成为艾滋病社会工作发展的重要动力，相关研究也据此展开。刘静等的研究指出当前制约艾滋病防治领域政府购买社会服务的因素包括配套服务与管理机制不健全、社会组织承担政府部分职能的能力有限以及服务评估和监督管理机制不健全，并建议从改善政策环境、扶持社会服务组织以及完善评估监管机制等方面推进艾滋病防治领域政府购买服务的规范化和实效化③。

（七）艾滋病社会工作的域外经验

一方面，是国外经验的研究。薛文娟等剖析了英国艾滋病防治的社区支持与家庭服务模式的服务框架，发现英国艾滋病支持模式具有资金的高投入、国际间的交流与合作、非政府组织和志愿者的积极参与、以家庭为基础以及重视弱势群体的特点，并指出我国不仅需要关注艾滋病患者生存环境和生活品质，更要通过相关政策关怀艾滋病患者家庭④。姚霞则回顾了泰国、南非、印度等国艾滋病歧视干预研究的经验，发现泰

---

① 武燕明．受艾滋病影响儿童救助的社会工作介入研究［D］．咸阳：西北农林科技大学，2015.

② 龙翠芳．社会工作介入艾滋病患者及其高危人群社会治理的研究［J］．医学与社会，2016，29（7）：23-26.

③ 刘静，邹钰．艾滋病防治领域政府购买社会服务浅析［J］．卫生软科学，2013，27（5）：261-263.

④ 薛文娟，王明旭，张平川．英国艾滋病社区支持模式探讨与分析［J］．中国医学伦理学，2008（2）：46-47，123.

国模式依赖于政府的干预强度，澳大利亚及美国模式则强调通过民间组织的干预，因此我国艾滋病社会工作需要在“多社联动”基础上促进跨专业合作与服务协调①。

另一方面，是我国港台地区经验的研究。李鹏超发现中国香港地区艾滋病的社会工作防治模式是融社会工作者、护士、物理治疗师、筹募团队为一体的团队合作，专业化提供生活、心理、危机干预和个人发展等全方位的服务，并建议未来内地艾滋病防治领域要积极引入社会工作服务，建立专业的艾滋病患者救助机构，形成跨专业、规范化、系统性的艾滋病患者救助模式②。李慧文等回顾了国外艾滋病个案管理的发展及其在我国台湾地区的发展状况，指出我国台湾地区艾滋病个案管理与美国在组织结构、个案管理单位的属性、个案管理师资格及条件、服务具体内容等方面存在差异，并建议开展更多的本土性探索和经验总结③。

（八）艾滋病社会工作的本土实践

首先，是华中地区的实践研究。以向德平为主要代表的华中师范大学研究团队系统研究了艾滋患者生存困境及需求、心理及行为、社会支持与歧视、社会救助与发展等方面，并着重论述了社会工作介入艾滋病患者救助实践的价值基础、理论依据以及工作模式④。而以河南师范大学为代表的一批社会工作学者针对受艾滋病影响儿童的生存与健康状况、教育和心理状况、问题及其需求、福利体系和支持系统等，开展了一系列救助实践和行动研究。张长伟分析了救助安置受艾滋病影响儿童“河

---

① 姚霞．艾滋病反歧视的介入空间与介入途径探究［D］．武汉：武汉大学，2010.

② 李鹏超．香港艾滋病患者机构救助模式及启示——基于香港 X 机构的实地研究［J］．社会工作与管理，2015，15（1）：33-39，90.

③ 李慧文，鲍美娟，张林，等．艾滋病个案管理的研究进展［J］．护理学杂志，2014，29（21）：94-97.

④ 向德平，李光勇．社会工作：艾滋病患者救助实践的新路径［J］．河南社会科学，2010，18（01）：122-125+219.

南模式”的基本框架及其局限，建议从制度化的社会保障体系、全面的公共福利体系、专业化和职业化的社会工作体系方面来构建受艾滋病影响儿童的社会福利制度体系①。

其次，是华北和东北地区的实践研究。华北地区学者从抗逆力提升到青春期社会支持网络建立②，从高校艾滋病防治教育到社会工作参与艾滋病的行动实践③，从社会工作参与戒毒宣传到青少年社区矫正④，都作了深入的理论分析。而东北地区的研究则着眼于社会工作机构开展的艾滋病患者服务项目，从反社会排斥项目、艾滋病患者关怀项目到重点关注女性艾滋病感染者及男同艾滋病患者的生存状况，都体现了社会工作机构在艾滋病防治领域的专业力量以及研究者对困难群体的人文关怀。

再次，是华东和华南地区的实践研究。华东地区研究的主要关注点是吸毒人群的艾滋病防治。黄星等基于浦东新区中致社管理的吸毒人员进行艾滋病检测和问卷调查发现社会工作在吸毒人员的艾滋病宣传防治工作中发挥了巨大作用，尤其是在促进吸毒人员参与艾滋病检测中的功效显著⑤。而华南地区的研究主要围绕社会工作机构介入艾滋病防治展开。卢捷依据在某机构参与社会工作介入艾滋病感染者自我歧视的实务过程，分析了社会工作介入艾滋病感染者自我歧视的必要性、角色及困境，指出通过转变艾滋病感染者对艾滋病的非理性认识、剔除他们对艾

① 张长伟．受艾滋病影响儿童的社会福利体系建构——以“河南模式”为例［J］．人民论坛，2010（26）：210-211.

② 杨莉．艾滋致孤儿童青春期的社会支持网络分析［D］．北京：中国青年政治学院，2012.

③ 韩利国，刘春．社会工作介入高校预防艾滋病宣传的路径探析［J］．劳动保障世界，2018，（14）：49 + 53.

④ 黄琅，王玥．艾滋病防治工作中的社工介入对中国戒毒工作的启示［J］．中国药物依赖性杂志，2010，19（6）：512-516.

⑤ 黄星，孙乔，庄鸣华，等．上海市浦东新区吸毒人群 HIV 检测需求及其影响因素［J］．职业与健康，2011，27（15）：1681-1684.

滋病的道德批判，是解决艾滋病感染者自我歧视最直接有效的方法①。还有研究者探讨了艾滋病患者的治疗依从性、艾滋病患者的抗逆力、大学生预防艾滋病等议题。

最后，是西南和西北地区的实践研究。西南地区的研究主要聚焦于艾滋病患者的免疫观及复原力培养。刘斌志论述了社会工作视野下艾滋病患者的免疫观、影响因素、伦理考量及其改善策略②。也有其他研究者从艾滋病的社会治理、受艾滋病影响儿童的社会福利、流动妇女的健康与发展、政府购买社会服务探索、艾滋病检测陪同服务、受艾滋病影响儿童的主体性和抗逆力、艾滋病患者家属的社会适应、艾滋病医疗团队的拓展服务、艾滋病患者的隐私保护等角度进行了相应的探讨。而西北地区的研究则从人口流动与社会性别的视角出发，关注女性流动人口及受艾滋病影响儿童的社会支持，同时也关注情绪管理在艾滋病患者服务中的意义及其运用。

二、中国特色艾滋病社会工作研究的本土反思

进入新世纪以来，我国艾滋病社会工作研究在理论探索和实务领域不断深入发展，相关研究经验得以积累并体现出中国特色，不仅表现在研究论文的数量上，而且表现在成果质量与影响的不断扩大。

首先，是研究成果不断丰富化，具体表现为：一是研究论文和学术专著数量不断积累，目前已有 90 余篇艾滋病社会工作相关研究论文和 13 部学术专著出版；二是研究队伍不断壮大，从零散研究人员到专门的研究团队，不仅有专业研究者以及社会工作专业学生，也有实务工作者和

① 卢捷．HIV 感染者的自我歧视及其社会工作干预［D］．广州：广州大学，2017.

② 刘斌志．社会工作视野下艾滋病患者免疫观的影响因素及其改善策略［J］．卫生软科学，2010，24（04）：365-367.

医务人员的参与；三是学科分布不断广泛，艾滋病社会工作研究不仅从社会学科学跨越到哲学与人文科学，也逐渐延展至经济与管理科学以及医药卫生科技；四是资助基金不断升级，从省级基金项目到国家社科基金项目，不断彰显了研究者的学术水平。

其次，是研究领域不断精准化，具体表现为：一是研究群体不断扩大且聚焦，从关注艾滋病患者到关注艾滋病患者家属以及艾滋病高危人群；二是研究主题不断丰富且具体，从专业方法的介绍到深入某个具体问题；三是研究方式不断拓展且契合，从文献研究到调查研究以及实地研究；四是实务研究不断增多且创新，从理论研究到实务探索再到模式提炼。

再次，是研究视角不断多元化，具体表现为：一是更多的研究运用理论视角，研究者们注意到了理论的重要性，尝试将理论与实践相结合；二是理论视角运用逐渐熟练，从理论的介绍与综述慢慢转向理论分析与实务运用；三是运用多种理论视角开展研究，单一视角已不再是研究者的追求，开始尝试从不同的理论视角看待问题；四是注重对不同理论视角及其研究结论的梳理和分析，总结并回顾了该领域的研究现状。

最后，是研究影响不断扩大化，具体表现为：一是艾滋病社会工作相关培训活动增多，培育了更多的艾滋病社会工作者；二是相关研究的开展推动了艾滋病社会工作实务工作的开展，提升了服务水平和服务质量；三是艾滋病社会工作领域得到了越来越多的关注，众多社会学、心理学、人类学、医学等研究者纷纷投入这一领域；四是艾滋病社会工作的发展为其他工作领域提供了方法和启示。

经过不断努力，我国艾滋病疫情依然处于低水平流行阶段，但社会仍然存在对艾滋患者的偏见、歧视以及排斥，并给其生活、学习、工作等方面带来诸多负面影响。面向未来更加包容和公平的社会期待，我国艾滋病防治研究依然存在以下不足。

首先，是缺乏高质量高水平理论研究，具体表现为：一是现有研究成果与艾滋病防治的紧迫性不匹配，而较少的核心期刊论文也意味着研究水平偏低；二是缺少具有创新性、反思性的理论性研究，大多数研究仅仅停留在描述性、介绍性层面；三是在同一理论视角下的相关研究显得不系统，一些研究之间存在较高重复性；四是同社会工作其他领域相比，艾滋病社会工作研究既在数量和质量上明显不足，也缺乏完整的研究框架体系。

其次，是缺少专业人才培养体系研究，具体表现为：一是在众多开设社会工作专业的高校中，仅有少量医科类院校开设有艾滋病社会工作相关课程；二是缺乏研究者针对性的研究艾滋病社会工作人才培养模式，仅有少数研究者简单提及；三是缺少专门的艾滋病社会工作机构与工作者，多以服务项目的形式由非艾滋病社会工作专业人员开展艾滋病防治宣传；四是既缺少相关政策保障艾滋病社会工作者的工作和生活，众多社会工作毕业生也无意愿从事艾滋病社会工作领域相关工作。

再次，是缺乏不同层面的比较性研究，具体表现为：一是很少有研究者针对域外经验展开详细的研究，多数研究建立在他人的叙述之上，缺乏对一手资料的分析；二是研究者既缺乏系统完整论述域外先进经验的能力，也缺乏域外相关资源以及获取资源的途径；三是相关研究广度有余，深度不足，尤其是对具体实务模式的探讨相对粗浅、零散，缺乏深入的理论分析。四是缺乏对具体服务项目的深入分析与探讨，部分研究仅是对项目的简单介绍和浅显思考，没能把握核心问题。

最后，是理论与实践的有机联系不够，具体表现为：一是研究者对艾滋病社会工作的实际进展与工作情况了解甚少，研究无法真正落实到艾滋病患者的真正需求上去；二是艾滋病社会工作的实务工作者也对该领域的研究及其理论视角了解不多，难以运用理论来指导具体实践；三是研究者缺乏对本土传统工作方法与实务模式的总结和提炼，多数研究无法推广到实务工作中去；四是研究具有不可持续性，部分研究只是跟随社会政策以及追逐社会热点，没有形成完整性、系统性和持续性的研究模式。

三、中国特色艾滋病社会工作研究的趋势展望

首先，要建立多学科跨专业的艾滋病社会工作研究框架。一是要开阔“跨界性视野”，加强多学科合作，依托专业理论，从不同学科视角展开对艾滋病防治的研究，探索多学科艾滋病社会工作的研究范式和实务模式；二是要激发社会工作想象力，跳出固定思维的藩篱，开展具有创造性的艾滋病社会工作研究；三是要考虑艾滋病研究活动的伦理性，思考研究者的角色与责任，关注被研究者的主体性和权利；四是要探索艾滋病流行的社会属性及其背后掩藏的社会运作机制，立足专业社会工作，提出建设性干预措施。

其次，要构建全方位立体的艾滋病社会工作专业和学科体系。一是要从学术上厘清艾滋病社会工作的核心能力要素、指标体系、具体内容及其评价标准，为相关的服务和研究工作提供指南；二是要探索新型高校社会工作学生培养计划，结合学生特性和社会需求，培养各具特色的理论研究型和实务应用型的“高”“专”“精”人才；三是要建立规范的培训考核体系，开拓在职培训途径，加强其理论学习，为在职人员“加油”；四是要组建专业研究团队，着眼全局，发挥研究引导和实务督导的战略性作用。

再次，要在全球卫生治理的框架下开展艾滋病社会工作的本土化研究。一要重塑反思与批判的能力与意愿，认真审视域外经验和本土状况的契合度，剔除不合时宜的部分，凝练出能够“落地”的实务模式；二是要保持研究的规范化与本土化二者之间适度的张力，促进不同研究范式的交流、合作与竞争，碰撞出精准化的服务体系；三是要领悟中国智慧，知觉相关政策，将研究融入社会大环境，体现中国特色；四是要创新项目化服务的实施模式、服务形式、评估方式，助推艾滋病社会工作机构的发展。

最后，要促进艾滋病社会工作学科建设、社会服务、学术研究和政策倡导的融合发展。一是要促进学术界与实务界的融合共进，共促发展；二是要从其他学科中借鉴知识，探索艾滋病感染的时空机制，构架艾滋病社会工作的实证知识体系，形成专业核心竞争力；三是要促进艾滋病防治研究的跨学科团队合作，吸引更多的研究者、实务工作者、医务人员、志愿者等参与，保障艾滋病社会工作的持续发展；四是要积极预测和把握未来艾滋病易感的发展趋势及其可能的高危群体，防范艾滋疫情的局部暴发及其所带来的社会风险，提前做好疫情研判和对策研究。

第九章 协力与共进：新世纪我国社会工作督导研究

作为专业训练方法之一，社会工作督导是促进社会工作规范化、专业化、职业化的基础与保障，更是社会工作专业高质量建设的重要推动力量。中共中央组织部等19部委和群团组织联合发布的《社会工作专业人才队伍建设中长期规划（2011—2020年）》（以下简称《社工规划》），明确提出到2020年全国社会工作专业督导人才要达到8万名[①]。在党和政府的高度重视和政策支持下，社会工作督导的实务与理论研究得以持续深入拓展，形成了较为丰富的研究成果与经验。站在新时代，面临新形势，总结和反思已有研究的经验与局限，展望未来研究的发展趋势和方向，不断提升社会工作督导的质量和水平，是社会工作高质量发展的重要任务与必然要求。

一、中国特色社会工作督导研究的总体态势

首先，是成果数量与质量分析。以"社会工作督导"为关键词在中国知网（CNKI）进行检索发现，截至2020年11月底，相关研究成果共计231篇。其中，学术期刊论文153篇、学位论文46篇、报纸论文4篇、会议论文9篇、学术辑刊论文2篇。从文献收录情况来看，仅有10篇论

---

① 社会工作专业人才队伍建设中长期规划［N］．中国社会报，2012-04-27（003）．

文被收录于全国中文核心期刊、CSSCI 期刊和 CSCD 期刊数据库，并集中发表于近两年。

其次，是成果发表的年代分析。1998—2006 年年均发文量仅有 2 篇。2006—2016 年年均发文量 9.9 篇，2016—2019 年年均发文量高达 38.6 篇，研究成果的数量逐年提升。

再次，是研究人员的地域分析。总体来看，社会工作督导实务及研究水平与区域经济水平密切相关。一方面，以北京市为中心的华北地区成为本土社会工作督导研究的先行者。北京大学、中国青年政治学院、中华女子学院以及北京社会管理职业学院等专业院校率先开展了专业督导实务与研究，并发表了一批研究成果。山东大学张洪英团队也在香港特别行政区高等院校的支持下开展了较为成熟的本土督导实践与研究探索。另一方面，以深圳、广州为代表的珠三角地区借鉴香港特别行政区的经验和资源成为社会工作督导本土化的践行者，并以“广东社工双百计划”为载体实现了督导专业化、本土化的成功探索，相关研究成果持续积累。除此之外，地震灾后社会工作服务以及持续跟进的专业督导实践，成为西南地区社会工作服务和督导专业化、本土化发展的重要节点，并形成了体现中华民族“一方有难，八方支援”抗震救灾精神的本土社会工作服务及督导模式与特色。

最后，是研究成果的类型分析。总体来看，社会工作督导研究体现了“先理论后实践、重案例轻反思”的特征。2010 年之前三分之二以上研究成果重在域外经验引介以及理论探索研究，案例研究与行动研究较少；2010 年之后相关的案例研究逐渐增多，但缺乏将督导实践和案例反思提炼为本土社会工作督导模式及理论的高质量研究成果，尤其是缺乏具有重要政策推动力的政策性研究成果。

二、中国特色社会工作督导研究的核心议题

文献研究发现，新世纪我国社会工作督导研究主要围绕价值伦理、

理论视角、方法技术、发展模式、实务领域、社会政策、域外经验以及本土实践八个方面展开，具体状态如下。

(一) 社会工作督导的价值伦理

作为社会工作的灵魂，价值伦理不仅是社会工作服务过程、关系及成效的关键要素，更是社会工作督导顺利实施的核心动力。已有研究对社会工作督导的价值伦理均有所涉及，主要包括：

首先，是价值伦理意义的研究。研究普遍认为，遵守价值伦理不仅保障了社会工作督导进程的方向，更是社会工作专业化和学科化的动力源泉。张伟从职业伦理的角度出发，认为社会工作督导不仅可以发挥提升前线社会工作者伦理道德水平的教育功能，还具有促进机构规范运作以及行业健康发展的整合功能①。周文坤认为不仅要通过征集本土实务中的具体问题增强督导的情境化，更应该通过制定细化的伦理守则实现督导的规范化，还应该通过岗位制度建设促进督导工作的职业化，进而推动社会工作服务和机构运作有章可循、有规可依②。黄耀明则从文化的视角出发认为中国人特有的关系、人情、面子等文化深度影响着社会工作者的行动取向，因此社会工作督导需要有高度的文化自省，尊重被督导者面临的实务伦理抉择③。

其次，是伦理议题的研究。目前社会工作督导过程中的伦理议题根据不同实务领域而有所区别，但有一些共同关注的核心议题。符秋宝认为本土化社会工作督导过程中需要妥善处理的伦理议题包括保密、专业规范、多重关系、多元文化、权利义务以及知情同意等，要加强督导评

① 张伟．职业伦理，体现社会对社工的角色期待［J］．中国社会工作，2017（16）：24.

② 周文坤．多方协同，守住社会工作职业伦理底线［J］．中国社会工作，2017（25）：61.

③ 黄耀明．融合与超越：社会工作督导发展困境与本土化路径［J］．社会工作与管理，2019，19（06）：26-31.

估以及纠纷申诉等方面的训练，切实提升督导实效①。

最后，是伦理困境的研究。研究者认为社会工作督导实践可能会出现以下伦理困境以及冲突：一是人情与法制及规定的冲突。张细香认为中国人的家族观念在社会工作机构中普遍存在，督导双方往往混淆了督导的专业关系与私人关系的界限，由此引发督导双方的角色冲突②。二是专业职责和行政职责的冲突。郑广怀等认为在实习督导中，注重伦理坚守与理论反思的专业教育，与追求绩效指标与行政认可的机构督导之间，往往形成矛盾和冲突，并导致督导的基本功能受到限制甚至督导关系的破裂③。三是督导者与被督导者情感关系冲突。沈黎认为督导过程中的过度协助可能会导致被督导者自我意识的弱化以及“督导依赖”症状，使其一旦遇到问题或者困境就救助于督导者，最终无助于“助人自助”和“能力建设”的原则体现和目标达成。因此，督导者需要反思和警醒督导过程中的关系界限与伦理准则，减轻被督导者的依赖感，提升督导过程所发挥的助人自助功能④。

（二）社会工作督导的理论视角

作为社会工作专业训练方法之一，社会工作督导是专业理论运用和演绎中非常重要的一环，因此具有较为系统而多元的理论框架与视角。

首先，是系统理论的研究。诸多研究都坚持系统理论与社会工作督导实务有较好的契合性，因为督导本身就是一个系统性、整体性、层次

---

① 符秋宝．社会工作督导伦理守则建构之研究［D］．上海：上海师范大学，2020.

② 李晓凤．社会工作督导——理论与实务及本土经验反思［M］．北京：中国社会出版社，2016，102-103.

③ 郑广怀，周钰．专业化与行政化：实习督导关系从合作到冲突的转变［J］．社会工作，2020（03）：63-72+111.

④ 沈黎，王安琪．本土社会工作督导运作状况研究——基于上海社会工作实务界的探索性分析［J］．社会工作，2013（01）：86-97+154.

性、动态性、内部关联性的助人自助过程。东波等人基于东北地区“整合联动”模式的实证研究认为，系统理论下的实习督导各子系统、要素之间相互联系、相互影响并相互制约，并构建了系统视角下“联动”取向的督导模式以及实习各个阶段的督导联动机制①。季钦把社会工作实习督导定义为一个督导大系统，包含了院系子系统（其代表为社工系的实习指导教师）、社会工作机构子系统（其代表为机构是实习指导者）、实习者子系统、学生实习小组子系统（即其他共同实习的学生系统）、其他支持子系统，并强调各个子系统都可以为实习者提供督导资源和力量，最终汇集到实习者子系统以促进其自我觉察、自我增能与自我实现②。

其次，是赋权理论的研究。该理论认为权能不是稀缺资源，而是通过人际有效互动被衍生出来的。基于该理论视角，黄春梅认为面对不少社会工作者的困难地位以及由此带来的无助感和无力感，社会工作督导需要充分运用赋权理论，一方面协助社会工作者意识到自身无权感的来源及原因，从而减少负面价值观念；另一方面通过反思性的行动实践，协助社会工作者学习获得各种资源、知识和技巧，提升其能力水平、权能感和价值感③。严樨则基于赋权视角强调督导者通过辨识受督导者无力感、赋权、效果评估三个步骤，给予被督导者情感和社会支持，提升其自控感和价值感，以轻松面对工作的挑战④。

再次，是后现代主义视角的研究。社会工作督导从后现代主义的解构思维中吸取经验与智慧，从而打破传统权力关系的压迫和束缚，希望真正促进社会工作者的成长与自助。陈茂等采取批判思维考察了现代主

---

① 东波，王宇玲，曹雨．系统视角下 MSW 实习督导“整合联动”模式的实证研究——以东北地区 S 大学为例［J］．黑龙江教育学院学报，2019，38（12）：7-11.

② 季钦．系统视角下社会工作实习督导模式的探讨［J］．社会工作（下半月）（理论），2010（02）：15-17.

③ 黄春梅．赋权视角下社会工作督导介入策略［J］．牡丹江教育学院学报，2019（09）：77-80.

④ 严樨．赋权视野下的社会工作督导研究——以 J 基金 2 个项目为例［J］．西南民族大学学报（人文社会科学版），2013，34（11）：182-186.

义视域下“督导-被督导者”之间关系的文本与结构，针对由于知识不对等、权力不平等以及信息不对称所带来的权力关系困境，建议在保持适度社会距离的基础上重构实习督导老师的引导者、同行者、对话者以及评估者角色①。余瑞萍则从叙事治疗出发认为督导应该帮助被督导者摆脱内化了的、主宰了其生命故事的文化叙事，在同感和倾听基础上解释问题背后的原因，并采用相关影响提问、故事空间拓展、新话题引申以及新故事建构等技巧，促成被督导者新的成长空间与可能②。

最后，是其他理论运用的研究。不少研究从其他理论视角出发对督导社会工作理论进行创新性研究。一是 AGIL 模型。陈盛的研究认为 AGIL 模型是结构功能理论概括程度最高的工具，并将其运用到社会工作实习督导中，强调通过实习经费支持、教务评估、组织和教育制度等四个子系统来促进实习督导功能的协调和稳定③。二是 TPI 环形模式。韩晶认为在回溯→反思→联结→专业回应→回溯的整合过程中，TPI 环形模式既强调“证据为本”的实践思维，更强调通过实践去反思理论学习与自我价值，并最终以此克服社会工作者面临的理论与实务相互脱节的问题④。三是批判教育学视角。姚进忠将批判教育学理念引入社会工作本土督导模式的建构之中，强调通过积极民主的督导关系和持续不断的对话，激发和培养师生的主体意识和批判反思能力，进而形塑师生教学相长、互惠学习的理念和方法⑤。张恒也在督导实践中引入了批判教育学的思维

① 陈茂，林霞．后现代主义视阈下社会工作实习督导老师的角色研究——从被督导者的角度［J］．北京城市学院学报，2019（05）：67-73.

② 余瑞萍．叙事治疗方法在社会工作实习督导过程中的运用［J］．社会福利（理论版），2015（04）：53-56.

③ 陈盛淦．基于 AGIL 模型的社会工作实习督导探析［J］．武夷学院学报，2015，34（02）：70-73.

④ 韩晶．ITP 环形模式在社会工作督导中的运用与反思［J］．社会工作与管理，2015，15（04）：30-34+89.

⑤ 姚进忠．社会工作实习督导模式的本土建构——批判教育学理念的引入［J］．华东理工大学学报（社会科学版），2010，25（03）：35-40.

框架，通过批判思维训练、批判方法培训、可能性语言运用以及潜能激发等途径提升被督导者的批判反思能力，并由此建立对话合作的督导关系，最终提升社会工作督导成效[①]。

（三）社会工作督导的方法技术

随着社会工作服务领域、人才队伍以及社会需求的不断增长，优秀督导者的供需矛盾也日渐凸显。本土社会工作督导在多年的实务探索、经验反思与理论对话中，也形成了一些行之有效的督导方法和技术。

首先，是个别督导方法的研究。乔世东认为督导者与被督导者定期开展一对一面谈的个别督导，不仅有助于被督导者解决心理情绪、专业知识、服务技术以及行政沟通方面存在的困惑与问题，更可以促进被督导者的心理建设、人格健康以及社会支持，最终提升社会工作服务的质量[②]。也有文献研究认为个别督导非常注重会谈所具有的深入指导、精准互动以及示范引领的重要作用，强调会谈内容包括围绕专业知识、技巧运用、服务沟通、人际关系、心理压力以及专业成长等方面的知识传授、价值引导、态度转变以及行为训练等[③]。

其次，是团体督导方法的研究。大部分研究认为，以一位督导者和数位被督导者定期举行小组讨论为主要形式的团体督导，不仅有利于参与者聆听和分享组员服务经验，而且可以尽量节省人员、时间以及经费资源。但张威的研究则强调团体督导的开展，一方面有赖于小组成员具有一定的服务经验，善于倾听和透过现象看本质，并具有较强的分析和反思能力；另一方面有赖于小组成员相互之间较为信任、关系和睦，没

① 张恒．批判教育学视角下的社会工作督导实践研究［J］．学理论，2015（14）：146-147+171.

② 乔世东．社会工作督导的新趋势［J］．重庆城市管理职业学院学报，2007（01）：1-2+6.

③ 本刊编辑部．需要知道的几个社会工作督导问题［J］．中国社会工作，2017（04）：19.

有猜忌、对抗或防御。如此，互动和讨论才会使小组成员受益并得到启发①。

再次，是同辈督导方法的研究。周志荣等认为朋辈督导具有时间自由、地域便利、语言顺畅、反馈及时以及问题处理集中等方面的优势，因而在高校学生团建党建具有突出的运用价值②。伊敏则基于智障人士服务机构中的督导实践，认为在现有制度框架下，面对社会工作服务的动态性以及多元化，通过主题清单、定期会晤、轮流主持、在线跟进以及书面反馈等方式开展的全程朋辈督导，可以克服实习督导教师无法持续而精准地开展有效督导服务的问题，有利于提升社会工作实习督导的成效与水平③。

最后，是联合督导方法的研究。作为后来发展的一种督导方法，联合督导在我国社会工作督导实务中也得到本土运用与拓展。武玉宝等认为社会工作联合督导是指社会工作高级人才对社会工作实践者所开展的以传导专业知识、提升专业能力、内化专业价值、保证专业服务品质以及促进社会环境变迁为目标的专业活动和过程，以影像作品《上学》的制作过程为例将联合督导的过程建构为选题构思、采制和宣传、制作和传承三个阶段，并对每个过程的督导目的目标、具体内容、形式载体以及双方角色进行了分析，最后强调联合督导成效的发挥不仅依赖督导机构之间的联系与合作，更要靠联合督导者之间权利义务关系的明确与区分，还要保持联合督导机制的透明和民主④。张敏杰针对我国社会工作专

① 张威．专业性社会工作督导对助人者自我成长的推动作用——以华仁社会工作发展中心的小组督导为例［J］．社会工作，2016（05）：43-64+126.

② 周志荣，苏镇松，唐军梅．论高校二级学院党校朋辈督导制度的构建——基于社会工作督导制度的启发［J］．科技与企业，2011（10）：171-172.

③ 伊敏．智障人士服务机构中社会工作专业实习督导的实践与研究——以 H 机构实习督导为例［J］．青海师范大学学报（哲学社会科学版），2012，34（06）：27-30.

④ 武玉宝，张洪英，赵万林．社会工作影像实践中的联合督导——以拍摄影像作品《上学》的实践为例［J］．社会工作与管理，2018，18（01）：39-44+54.

业教育发展不平衡的现状，建议高校社会工作院系主动与同城、跨地或跨境的社会工作服务机构签订实习协议，双方通过资源整合与共享的方式为学生提供集中实习实训与教学督导服务，促进理论教育、实务运用以及前线实践的相互借鉴与促进，推动个人价值、机构价值、专业价值以及社会价值的有机整合。具体实施过程中，要做到角色定位到人、时间统一安排、教学过程民主以及社会资源配套①。

（四）社会工作督导的发展模式

具有西方百年发展经验的社会工作督导要想有机地运用于本土实践，不仅需要学习业已形成的专业规范与标准，更要结合中国国情进行本土化改进与发展，还要不断提升督导者的职业化程度。这一本土化的过程逐渐形成了丰富多样、具体可行的本土社会工作督导模式。

首先，是专业化发展模式研究。作为一门专业方法与学科，社会工作督导需要坚持专业标准与规范。一方面，是社会工作督导人才队伍的培养。张莉萍的研究强调通过提高督导人才的选拔门槛、建立督导薪酬激励机制、将督导列入高级社会工作师行列、确立督导行为操守手册以及规范本土督导行为等方式，以此来激发培养督导人才的内部驱动力与整体稳定性②。另一方面，是社会工作督导制度体系的完善。杨慧等人强调制度建设与发展不仅是社会工作督导水平与成效的重要保证，更是社会工作专业化水准的重要标志。因此，我国社会工作督导模式发展应该以制度化为导向，整合现行制度化和非制度化模式的优势，通过指南开

① 张敏杰．联合督导在社会工作实习中的应用［J］．浙江工商大学学报，2011（04）：93-94+85.

② 张莉萍，韦晓冬．中国社会工作本土化实践：督导人才培养研究报告——以珠江三角洲地区为例［J］．华东理工大学学报（社会科学版），2011，26（06）：8-15+30.

发与指标构建来促进社会工作督导标准化与体系化建设①。

其次，是职业化发展模式研究。在专业化发展到一定程度之后，社会工作督导必然需要得到制度的认可与职业的承认。具体而言，我国社会工作督导在职业化层面开展了多维探索与积累。一是社会工作督导的身份认同。随着社会工作人才队伍建设如火如荼地开展，对于一线专职社会工作人才、高级督导人才的需求量已经呈现激增趋势，但与之相悖的是社会工作督导的专业身份不明确。尽管在珠三角地区，第一批本土督导人才具备了“本土督导”的名分，但与中、初级社工师的全国统一级别身份相比，存在明显的地域色彩和局限，亟待提升其技术含金量与资质通用性。张丽萍的研究建议将督导列为高级社工师级别，并加强政策与经费支持，以增强对社会工作专业人才队伍的精神激励②。二是岗位开发。邓明国认为目前所开发的社会工作岗位还不能满足社会工作专业人才就业的需要，且绝大多数为民政系统的岗位，其他系统岗位开发设置较少，拓展有限，尤其是在社会工作督导方面的岗位开发更为滞后③。三是岗位设置。童敏认为建立健全本土社会工作机构督导制，既要配备微观层面的实务技术指导，也要完善中观层面的项目规划，更要统筹宏观层面的资源链接。具体来说，一方面要从能力培训、岗位设置、薪酬激励以及工作评价等方面扩大内部督导成长发展的空间；另一方面要加强不同机构以及机构内部不同部门之间的资源流通与共享，最终促进二者优势互补与沟通合作④。

---

① 杨慧，杨森．制度化与非制度化：我国社会工作督导模式的比较研究［J］．中央民族大学学报（哲学社会科学版），2019，46（03）：40-48.

② 张莉萍，韦晓冬．中国社会工作本土化实践：督导人才培养研究报告——以珠江三角洲地区为例［J］．华东理工大学学报（社会科学版），2011，26（06）：8-15+30.

③ 邓明国．重庆：专业社会工作发展的困境与思考［J］．中国民政，2015（10）：19-20.

④ 童敏．中国本土社会工作专业实践的基本处境及其督导者的基本角色［J］．社会，2006（03）：194-204+210.

再次，是本土化发展模式研究。探索、建构与完善体现本土特色的社会工作督导模式，既是社会工作高质量发展的重要途径，更是中国特色社会工作体系构建的应有之意。目前，已经有不少学者对社会工作督导模式的本土经验与模式进行了较为丰富的提炼。黄耀明对我国目前社会工作本土发展的模式进行了梳理分析，认为珠三角凭借毗邻香港地区的地缘优势探索出“香港督导+内地督导徒弟”模式；福建省厦门市在社会工作实践中形成了“内部督导+外部督导”模式；上海市形成了“实习督导+实务督导”模式等。在督导的角色与功能方面，童敏基于全球视域的比较研究，认为与西方社会工作督导所扮演的使能者、倡导者与协调者的角色不同，中国本土社会工作督导的角色主要是专业服务的设计者、指导者、培训者以及转化者①。张洪英的研究则响应了跨文化督导的现实需求，在厘清社会工作跨文化督导含义的基础上，建议在督导过程中增加“多元文化观”以及“文化敏感性”训练，强调国际经验与“普遍性知识”与具体文化情境的有机结合，注重“地方性知识”在社会工作督导中的文化识别、服务指引以及技术适用作用②。

最后，是多元化发展模式研究。我国地域广大，不同区域经济发展水平、文化风俗以及管理制度等均有一定的差异性，由此也导致了社会工作服务与督导存在差异性与多元性发展，具体表现为：一方面，协同督导模式得到有效拓展。张洪英认为要实现专业知识的在地化，需要社会工作督导双方在相互尊重与理解的基础上，协同合作进入到具体的社会文化与实践脉络中，真正理解被督导者的实际困境并在此基础上促进实务效能的提升③。另一方面是“项目购买模式”的本土化快速发展。童

① 童敏．中国本土社会工作专业实践的基本处境及其督导者的基本角色［J］．社会，2006（03）：194-204+210.

② 张洪英，赵万林．社会工作跨文化督导的本土含义与实践策略［J］．浙江工商大学学报，2019（06）：109-119.

③ 张洪英，赵万林．社会工作跨文化督导的本土含义与实践策略［J］．浙江工商大学学报，2019（06）：109-119.

敏研究强调，作为当下社会工作服务推广和执行的主要模式，“项目购买模式”的大规模推行为本土督导实施和运营提供了实践场域和具体脉络；在项目与督导的互构过程中发展出本土化的督导内涵与外延，并具体表现为三个层次的督导，即项目任务执行的功能督导、项目经验学习的成长督导以及项目处境中的反身督导①。

（五）社会工作督导的实务领域

社会工作不同领域服务的开展与深化，均有赖于持续有效的督导开展与跟进。因此，社会工作督导的服务领域既可以依据社会工作服务领域而命名，也可以根据督导功能的作用而归纳为教育性督导、服务性督导、行政性督导以及支持性督导等。结合我国社会工作的发展历程及差异，督导的服务领域主要包括以下几方面。

首先，是实习督导研究。我国社会工作发展始终带有“教育先行”的特色，而作为社会工作教育的重要一环，实习督导的专业水平与成效直接影响学生的实习成效，最终影响专业教育的质量。刘斌志等的研究强调实习教育是社会工作教育成型的必经之路，而社会工作实习的质量主要取决于督导的效果，通过完善实习督导制度以保障社会工作专业教育品质的具体措施包括：系统安排整个实习内容、促进学生学习质量、给学生有益教导、以身作则做好实践示范以及不断反思自身督导方式及学习表现②。徐莉等认为社会工作硕士教育不仅要推动实习督导专职化，强化学校实习督导力量，明确实习督导的阶段性任务，更要建立信任、平等以及教学相长的师生关系，通过平等对话与潜能激发积极引导学生

---

① 童敏，史天琪．中国本土语境下社会工作督导的内涵：项目实践中的自觉与自决［J］．社会工作与管理，2019，19（06）：7-14.

② 刘斌志，沈黎．社会工作督导反思：学习成为有效的社会工作督导老师［J］．社会工作，2006（09）：35-37.

在实践中进行专业反思，最终实现生命影响生命①。卢文渝等人分析了影响督导双方投入和MSW专业实习效果的中介变量，认为双督导可分为教育督导、情绪督导和行政督导三个维度，并且这三个维度显著影响了学生专业实习效果②。

其次，是社区社会工作督导研究。社区社会工作层面的督导在我国得到较为快速和成熟的发展，并逐渐延伸为两个脉络：一是互为主体的督导范式。廖其能、张和清在社区为本实践范式下开展的督导更重视督导双方共同的行动、文化敏感、道德实践以及对知识生产和教学权利关系及其后果的警觉，强调在互为师生的框架中与被督导者一起生产社区发展的实践知识③。二是合作取向的督导范式。巨红东的研究强调推动社会工作实习督导和社会工作实践督导合作，将理论优势与实践优势有机结合，提升服务质量和实习质量，优势互补，共同成长④。大部分研究都对社会工作督导在社区的实践中的运用进行了多维探索，都强调"合作"的重要性。

再次，是医务社会工作督导研究。随着国家医疗体制改革的不断深入以及病患需求的日益多样化，医疗卫生机构成为社会工作专业实习越来越重要的领域与场所。郑玥认为在高校专业督导以及医疗机构督导体系均不健全的现实处境下，有效的社会工作督导不但能提高专业高校督导效能、降低高校人才教育资源的浪费，更有利于厘清社会工作形象、提高学生专业认同、提升专业核心竞争力，增强社会工作服务话语权⑤。

---

① 徐莉，曾冰丽．我国社会工作硕士实习督导制度探析［J］．教育教学论坛，2017（07）：30-31.

② 卢文渝，王晔安，张欢．双督导、学生投入和MSW专业实习效果：影响和中介探析［J］．社会工作，2017（05）：97-109+112.

③ 廖其能，张和清．社会工作督导范式转向研究——以"双百计划"协同行动为例［J］．社会工作，2019（01）：54-63+110.

④ 巨东红．社区层面社会工作督导的路径探析——基于合作主义视角［J］．长春理工大学学报（社会科学版），2013，26（02）：69-71.

⑤ 郑玥．有限理性视角下的医务社会工作实习——浅析高校社会工作专业的实习督导与教学策略［J］．亚太教育，2015（34）：261-262.

最后，是其他领域社会工作督导研究。蔡天等认为我国社会工作参与实践的过程就是以专业服务获取政策影响力的过程。因此，社会工作督导需要紧密切合国家重大战略以及民众的社会现实需求，充分发挥专业服务的优势与特色，既要提高具体微观服务的技术与水平，也要提升中观层面服务地方经济社会发展的能力与实力，更要增强影响党和政府决策的政策倡导能力，发挥社会工作的大督导效应①。也有研究考察了督导在司法社会工作专业实践中扮演的重要角色，认为通过涉罪未成年人社会调查和帮扶等司法社会工作督导实践，不仅能够让学生清楚地认识和了解到社会工作理论方法、专业技巧的运用，更可以借机开展有效的价值教育，以促进社会工作者有效的自我评估与价值检视②。

（六）社会工作督导的社会政策

社会工作的高质量发展需要高水平的社会工作督导，而专业督导的水平提升需要多元化和系统性的政策支持。相关研究聚焦于支持社会工作督导发展的人才队伍建设、政府购买服务以及健全服务规范与指南等方面。

首先，是督导人才队伍建设研究。《社工规划》明确指出要培养8万名不仅具备扎实理论基础和丰富实务经验而且能够切实指导社会工作者解决重大复杂专业问题，最终推动社会工作专业督导人才良性发展。这为我国社会工作专业督导人才明确了总体规模、具体指标及时间进度。张洪英的研究则认为虽然我国社会工作督导政策、人才队伍和实务得以不断发展，但在社会工作督导的管理、选拔、使用、薪酬和评估上面还存在缺位，督导人才队伍建设发展速度和力度还远远不能满足时代和专

① 蔡天，周燕琼，卢玮．由微观服务迈向宏观实践：服务为本的制度性政策实践的本土建构［J］．社会工作，2020（03）：39-52+110.

② 何晓红，徐苛．司法社会工作实践中督导的角色类型与能力技巧［J］．湖北文理学院学报，2020，41（01）：39-44.

业发展需要。未来需要在国家政策、人才队伍、MSW课程体系、督导标准、网络平台、数据库和人才库建设以及学术研究和对外交流等方面加快发展步伐，并争取更多的网络链接与社会支持①。

其次，是政府购买服务研究。在社会工作督导的发展进程中，政府是不可或缺的重要角色。作为社会工作服务经费的主要来源，政府购买服务是社会工作人才队伍建设以及社会工作本土化发展的重要抓手和强大动力。2012年11月14日，民政部、财政部联合印发了《关于政府购买社会工作服务的指导意见》，自此“项目购买”成为各地方政府普遍采取的社会工作服务推行方式②。童敏认为“项目购买”经费预算中包含督导费用、督导次数等规定是督导得以开展的现实条件③。在具体的实践方面，厦门市曾出台了《厦门市政府购买社会工作服务指南》，首次对社会工作服务的购买流程、专业服务标准、社会工作者的薪酬待遇以及具体督导安排作出规范，明确项目经费预算由人员薪酬和福利经费、专业督导及人员培训经费、服务活动经费、项目管理经费、项目评估经费5个子项构成④。

最后，是服务标准化建设研究。标准化是社会工作督导质量的有效保障与可行路径。早在2009年，深圳市实行的《深圳市社会工作督导人员工作职责规定》就对督导助理、见习督导和督导的工作职责作出了明确规定⑤。2019年，安徽省正式出台《专业社会工作督导规范》，有效回

---

① 张洪英．中国社会工作督导的现状与未来发展［J］．中国社会工作，2017（04）：1.

② 民政部、财政部关于政府购买社会工作服务的指导意见［J］．大社会，2019（02）：66-68.

③ 童敏，史天琪．中国本土语境下社会工作督导的内涵：项目实践中的自觉与自决［J］．社会工作与管理，2019，19（06）：7-14.

④ 厦门市出台《关于政府购买社会工作服务的实施意见》［J］．中国民政，2017（04）：37.

⑤ 巨东红．社区层面社会工作督导的路径探析——基于合作主义视角［J］．长春理工大学学报（社会科学版），2013，26（02）：69-71.

应了实践中督导制度模式匮乏、督导资源配置不合理、管理机制不健全、督导服务与受督导者需求不对称、督导行为缺乏规范等问题，明确了督导人才标准并规范了督导服务流程，对于提升专业服务、专业人才以及职业地位至关重要，有利于促进社会工作专业化跨越式发展①。

（七）社会工作督导的国内外经验

我国社会工作督导的发展走过了一条“外部借鉴+内生探索”的过程，不仅充分借鉴和吸收了国外以及我国台湾地区、香港特别行政区以及澳门特别行政区的成功经验，而且结合本土具体情境以及社会工作服务实践进行了消化吸收和创新发展，并加强了与不同文化背景下社会工作督导界的交流与合作。

一方面是国际经验研究。童敏等的研究认为西方社会工作督导形式多样，包括专门服务督导、经验学习督导、社会建构督导，但主要是基于抽离日常生活场景的分析逻辑，即先确定“是什么”，再决定“做什么”，依据的是科学实证主义的分析理性②。张作俭的研究将瑞典社会工作督导经验归纳为督导来自组织外部、督导重在心理支持、坚持价值导向以及形成相对稳定模式四个方面，并认为这些经验可以部分地运用于不同国家的督导实践③。张威的研究认为英美国家主要存在着以监督指导为核心的行政性督导和以实用主义为精髓的临床督导，并强调卓有成效的督导不仅需要借助各种流派的心理与行为改变技术，更需要将其放置在具体的现实处境与专业关系中进行考量和融会贯通，而不是机械地运

① 王娇佼，程晨．为社会工作督导规范发展指明航向——安徽省《专业社会工作督导规范》解读［J］．中国社会工作，2019（28）：9.

② 童敏，周燚．“半专业”的专业性：本土社会工作督导清单及知识观考察［J］．社会工作，2020（03）：16-26+109.

③ 张作俭．浅议瑞典社会工作督导［J］．社会工作，2014（04）：87-92+154.

用心理治疗知识①。

另一方面是我国港澳台地区经验研究。郑杰榆等认为我国台湾地区的督导培养方式通常分为组织内与组织外两种模式，前者通常有“顺水推舟”“刻意培养”与“强制晋升”等几种方式；后者又分为专业协会与外部督导两大类型，分别由高校教师与资深实务者担任②。张洪英在“跨境督导”的文化比较分析后认为我国香港特别行政区的督导政策比较完善，在督导过程中较少考虑政策层面的限制，更加注重“标准化”，而我国台湾地区则由于政策环境和政策内容的不同，更为注重“政策性”③。张英也发现我国台湾地区的督导制度更倾向于专精化，既有普惠性的督导内容，又有临床性的实务督导，并会依据每个社会工作者的实际情况为其量身定做一套学习成长方案，有利于促进被督导者全人化发展④。

（八）社会工作督导的本土实践

在党和政府的坚强领导和政策推动下，我国社会工作实践服务与人才队伍建设如火如荼。为了提升服务质量与人才素质，全国各地都探索了适合本地特色与需要的社会工作督导内容、方法以及模式，汇聚成社会工作督导的中国风景，并形成了一些成功的典型。

首先，是珠三角地区督导实践研究。无论是理论探索、制度建设还是实务拓展，珠三角地区的社会工作督导在全国具有地域前沿、先发示范以及实践推动的优势与特色。在督导制度方面。谭子敏将珠三角地区

① 张威．社会工作督导的理论与实践分析：国际发展与国内现状［J］．社会工作，2015（03）：9-21+124.

② 郑杰榆，张莉萍．台湾社会工作实践与督导培养探析［J］．社会工作与管理，2014，14（03）：92-97+102.

③ 张洪英，赵万林．社会工作跨文化督导的本土含义与实践策略［J］．浙江工商大学学报，2019（06）：109-119.

④ 张英．感受中国台湾地区社会工作督导的科学与艺术［J］．中国社会工作，2017（28）：55-56.

社会工作督导制度分为以广州为代表的学院制和以深圳为代表的徒弟跟班制，学院制的督导资质要求是在民办社工机构、社会团体或者事业单位从事专业服务的社会工作者，采取的是备案登记制，针对督导对象的实务年限进行督导时数的区分；而徒弟跟班制则要求督导者必须是官方注册承认的社会工作者，采取的是选拔考核制，督导时数取决于督导方式[①]。在实务探索方面，广州的“双百计划”成果显著。张丽萍认为广州主要以承接社区家庭综合服务项目的机构督导为主，而深圳、东莞两地本土督导服务领域非常广泛，被督导者基本上来自一线社工所有岗位，包括残联、共青团、禁毒以及工会等[②]。

其次，是华东地区督导实践研究。依托经济发展、高等院校以及学术支持的优势，华东地区社会工作专业化程度也相对较高，督导的本土发展也走在全国的前列。王雁的研究考察了杭州项目“社工＋项目督导”的模式、嘉兴市内生性督导模式和温州市外生性督导模式、杭州市余杭区首个“成长社工督导人才培养计划”等，并归纳总结了政府政策支持、经费薪酬激励、对外合作交流、专业标准规范等成功经验[③]。江苏省苏州市民政局从 2014 年开始系统培养本土社会工作督导人才队伍，在广泛吸纳国内外专家学者的意见与建议基础上，通过制订专门规划、聘请资深督导专家、选拔优秀社工骨干、持续开展专业培训以及出台督导管理办法等综合性措施，实现了社会工作督导人才培养的本土模式创新[④]。

再次，是华北地区督导实践研究。依托京津冀地区众多的高校资源

① 谭子敏．珠三角社会工作督导制度研究——以广州、深圳为例［J］．营销界，2020（19）：154-155.

② 张莉萍，韦晓冬．中国社会工作本土化实践：督导人才培养研究报告——以珠江三角洲地区为例［J］．华东理工大学学报（社会科学版），2011，26（06）：8-15+30.

③ 浙江省团校课题组，王雁．社会工作人才建设视角下的浙江省社会工作督导制度探究［J］．青少年研究与实践，2016，31（02）：68-75.

④ 谢鸿娟．江苏省苏州市本土社工督导人才培育记［J］．中国社会工作，2018（22）：36-37.

以及丰富的实务经验，华北地区的社会工作督导开办了社会工作督导班、社会工作骨干培训班等，提升社会工作从业人员的专业素养，并辐射东北、山东和河南等地督导的发展。《北京市“十三五”时期社会治理规划》就明确提出加强社会工作人才队伍建设，加快培养一批社会工作专业督导人才①。早在2010—2012年间，两位中国香港特别行政区资深社会工作者就为山东省济南市基爱社会工作服务中心提供机构和员工个人层面的督导，针对智障人士服务中心、居家养老和青少年工作发展出不同的督导模式，不仅提升了受督导社会工作者的价值伦理及服务效能感，还探索出适合本土的社会工作干预手法，取得较好成效②。

最后，是西南地区督导实践研究。2008年汶川地震举国哀痛，抗震救灾成为西南地区社会工作发展的首要任务与责任，并要求不断提高服务质量与成效，以满足广大民众日益增长的心理及社会服务需求。在政府和各界爱心人士的关心之下，大量的灾害社会工作服务项目应运而生，也要求社会工作督导不断跟进。方江琴认为成都的社会工作督导发展于2012年7月开始由成都市民政局负责的“川盟督导班”。成都市社会工作者协会由此以项目方式开始了四川本土社会工作督导的培养历程，经过层层选拔，再通过两年高级实务、三年督导培训、两年督导实践，培养出一批兼具理论与实务能力的优秀本土督导，推动了成都市社会工作实务水平的提升③。李学林也认为四川省社会工作专业发展虽然起步晚但速度很快，通过机构内部的督导机制、外聘督导机制、校社合作聘请高校教师担任督导制等方式，较快地推动了西南地区社会工作督导水平的提升④。

---

① 连玉明．北京市社会建设（1978—2018）［M］．北京：社会科学文献出版社，2019：25-68.

② 马丽庄，吴丽端，区结莲．社会工作跨境专业督导：山东经验［M］．北京：社会科学文献出版社，2013：2-5.

③ 方江琴．论成都市社会工作督导——以成都感同社会工作服务中心为例［J］．中国地名，2019（09）：38+80.

④ 李学林，张睿．成都市社会工作督导存在问题及其解决办法［J］．社会与公益，2018（06）：77-80.

三、中国特色社会工作督导研究的本土反思

进入新世纪，社会工作督导实践与研究走过20年的历程，在人才队伍建设、专业化、本土化建设方面取得了一定的成果。

首先，社会工作督导研究成果不断累积，具体表现为：一是成果总量不断攀升。2006年以前，我国关于社会工作督导的研究屈指可数，而近三年社会工作督导研究成果年均高达38.6篇。二是研究水平不断加强，被各类核心期刊数据库收录的文献数量不断增多，研究人员的年龄、学科、地域以及性别结构均有所优化。三是资助资金优化升级，从省级基金项目到国家基金项目，都投入一定比例的经费用以督导服务实践与研究。

其次，是社会工作督导研究领域不断扩大，具体表现为：一是研究主题视域持续深化，不仅关注督导双方的专业角色、服务内容、方法技术以及过程逻辑等微观层面，还从宏观层面上关注社会工作督导的政策支持、人才标准、队伍建设、指标体系、服务指南以及督导范式等内容；二是跨学科理论嵌入研究不断丰富，将教育学、管理学的理念引入社会工作督导的研究之中，探索跨学科建设背景下社会工作督导的融合发展之路；三是实务研究领域不断拓展，不仅关注社会工作专业学生的督导实习研究，对一线社会工作者的督导实践也投注了更多的目光，并提出了合作主义视角下“协同督导”的新理念。

再次，是社会工作督导视角的多元化，具体表现为：是研究的主体视域不断扩大，不仅从督导的视角关注方法技术的实施、功能发挥、伦理困境，还从被督导者的视角出发关注被督导者对督导的期许；二是注重对不同理论视角的分析和探索，通过系统性的评价分析不同理论视角在社会工作督导中的运用；三是研究从关注经验的总结到关注本土语境下督导范式的转变，并尝试从本土语境出发促进社会工作督导由半专

业化到专业化的跃进。

最后，是研究的影响不断扩大，具体表现为：一是社会工作督导人才队伍体系构建的不断完善，本土督导的数量不断增长，在一定程度上缓解了供需矛盾；二是推动了社会工作督导实务领域的拓展与创新，促进了督导实践的服务质量提升和服务范式的转变；三是促进了本土语境下社会工作督导由半专业化到专业化、外引到内生、行政化到专业化的转变；四是社会工作督导模式得到了教育学、管理学、心理学研究者的关注，研究成果逐渐为其他学科所吸收借鉴。

在学者、行政人员和一线社会工作者的共同努力下，我国的社会工作督导研究逐渐朝着职业化、专业化、本土化的方向发展，并取得阶段性成果，但仍然处于发展的中间阶段，尚有许多局限之处。

首先，研究成果的质量有待提高，具体表现为：一是研究的总量相较于社会工作其他领域较少，与社会工作督导的地位、作用不相匹配，核心期刊占比较少；二是大多数研究是以“研究者”的身份进行的，研究缺乏实践的反思性和创新性，循证研究以及行动研究较少；三是研究的广度不够，较多关注社会工作实习层面，而对一线社会工作者的督导实践、社会政策参与的研究较少，尚未摆脱“教育先行”模式的限制。

其次，研究视野和范式有待进一步拓展，具体表现为：一是研究成果地域发展不平衡，对于社会工作的督导研究多集中在社会工作专业较为发达的珠三角和长三角地区，华中、西部地区对于社会工作督导的研究屈指可数；二是实务研究领域有待拓展，现存的研究对于社会工作督导的体制建构、标准化建设、社会工作督导伦理守则、职业化发展等领域的研究涉入不足；三是国际经验借鉴较多，对话与合作缺乏。对国际经验的综述、分析文献较多，没有与中国的社会工作督导发展阶段相契合，尚未形成有效的交流与对话。

再次，缺乏对具体服务项目的深入探讨和分析，研究的延续性功能不足，具体表现为：一是缺乏具体项目的深入分析和探讨，部分访谈式研究的内容过于抽象，未能提炼出核心概念和观点；二是已有研究在督导范式的转变、督导的方法技术层面提出了一些新的见解，但在具体实务工作中的运用成效有待进一步演示与验证；三是社会工作的督导实务研究维度零散单一，相关核心议题、核心能力以及核心框架均尚未建立，尤其是社会工作督导核心能力的内涵外延、指标体系以及培养策略均有待进一步深入研究。

最后，是研究的框架和体系的完整性有待增强，具体表现为：一是跨学科对话层面，社会工作督导研究虽然有与其他学科融合发展的先例，但尚未形成有影响力的范式；二是理论与实践的对话层面，已有的实践项目经验总结缺乏本土理论模式的提炼，尚未形成经过科学验证的内生式督导理论；三是社会工作督导标准化层面，社会工作督导标准化建设尚处于探索阶段，社会工作伦理价值建设、职业晋升体系、服务成效评估体系等尚未形成系统的规范与指南。

四、中国特色社会工作督导研究的趋势前瞻

随着中国特色社会主义现代化国家新征程的开启，社会结构产生了新变化，人民群众多元化诉求要求社会工作实现高质量发展，这就需要大量的理论与实务能力并重的社会工作高级专业人才。作为社会工作专业人才培养的主要训练方法之一，社会工作督导也面临新机遇、新挑战和新需求，并要求有不断的创新与发展。

首先，要夯实壮大督导人才队伍，促进督导者、被督导者以及研究者之间的实务合作以及跨界研究。一是要加强社会工作督导人才队伍的建设，特别是理论基础扎实和实务经验丰富的高级融合性督导人才的培养，同时完善社会工作督导职业晋升机制，激发一线社会工作者参与研究的兴趣与潜能；二是要加大资金的投入，尤其是国家级、省部级以及各类政府购买服务对督导实务与研究的支持，鼓励更多学者将目光聚焦

于促进社会工作督导的高质量发展；三是促进一线社会工作者、督导者、高校教师以及社会工作行政管理者之间的实务合作以及联合研究，加强对已有督导案例以及理论成果的总结分析，探索已有督导模式的成果运用与示范推广。

其次，要开展“证据为本”的社会工作督导的行动研究，总结具有中国特色的本土服务模式。一是加强对一线社会工作者的督导培训，加强理论学习，锻炼写作能力，从具体的实务经历中衍生出实践智慧；二是在原有服务实践基础上，持续引入证据为本的研究理念，引导社会工作督导项目设计朝着循证化、标准化、科学化方向发展；三是对我国不同地区的本土经验进行分析、总结和凝练，构建中国特色的本土社会工作督导模式。

再次，要促进“外引”和“内生”经验的有效整合，形成本土督导经验与模式。一是系统梳理西方社会工作督导发展的相关研究，学习其研究和服务经验，积极地翻译引进相关研究著作，紧扣时代发展的主题；二是扩大社会工作实务研究的领域广度，延伸督导研究的深度，从实务经验中提炼出有价值的议题；三是加强对国际社会工作督导交流与合作，在文化碰撞和实务拓展中提炼本土社会工作督导的核心能力框架及具体指标，并以此推动社会工作教育的高质量发展。

最后，要完善社会工作督导研究的本土框架，提升学科话语权。一是扩展多元化督导研究的范式和视野，鼓励理论型研究、实务研究并重；二是增强社会工作督导核心价值的凝练力度，规范服务标准、建设专业队伍；三是促进社会工作督导的跨学科研究以及社会政策倡导的融合发展，借鉴管理学、心理学、教育学的相关成果，加强社会工作督导知识体系建设。四是加强社会工作督导领域的理论建设、模式创新与科学推广，增加社会工作督导研究的学科话语权。

后　记

改革开放以后，中国专业社会工作的发展是以教育先行为特点的。尽管20世纪80年代初，社会各行各业对专业社会工作的发展也存在着一些需求，但由于社会工作专业尚未得到人们的普遍认可，社会工作在恢复和重建时期并没有全面启动，相反则是高等院校的社会工作教育于1988年在北京大学首次设立“社会工作与管理”专业之后才迅速发展起来的。进入21世纪之后，伴随着国家的大力支持和专业服务的政策倡导，高校的社会工作专业设置也在快速增加。这不仅极大地推动了专业社会工作的成长，也在一定程度上刺激了中国社会工作领域的研究。

中国专业社会工作的发展经历了30多年的时间，但较多的成果则是从2006年中共十六届六中全会作出“建设宏大的社会工作人才队伍”的战略部署之后才涌现的。尤其是党的十八大以来，党和国家精心部署和持续实施了包括群团工作改革、生态环境保护、精准扶贫、传统文化复兴、乡村振兴战略以及促进人民健康在内的一系列重在国家发展和民生改善的重大战略，如何紧紧围绕国家重大发展战略，精准开展社会工作服务，积极体现社会工作专业优势，就成为新时代社会工作专业发展的迫切要求与重要使命。

2015年，教育部、国家发展改革委和财政部联合发文，引导部分地方普通本科高校向应用型转变。2017年，重庆师范大学社会工作专业获批成为重庆市高校应用转型专业，2018年获批成为社会工作专业硕士学位授权点，加快了本科教育改革与学科建设的步伐。为进一步推进应用转型的体制机制建设，加快建设实践为本的教育体系，推进教学工作的应用转型，建立“校地协同”育人机制，重庆师范大学社会工作专业团队持续推进新时代中国特色社会工作专业人才“政治引领—科学训练—艺术创新—服务体现”四位一体的核心能力培养模式创新改革与实践，开展培养方案的修订、课程体系的完善以及实务教学的拓展，切实推进社会工作专业教育向应用型转变。

作为社会工作应用转型专业建设的环节和成果之一，本书的出版要特别感谢重庆师范大学历史与社会学院的党政领导尤其是院长、博士生导师常云平教授的大力支持与悉心指导。作为社会工作应用转型项目的负责人，常院长不仅主持和讨论了应用转型的历次会议，并就相关教材的出版、教学成果的提炼与实施给予了专业支持与经费保障。

感谢重庆师范大学社会工作系教学团队的精诚合作与互助互爱，保证了专业转型的持续推进与深化，尤其要感谢社会工作专业各位同学及校友在应用转型中的主动作为与反思探索。本书更像是社会工作系师生集体智慧的结晶，赵茜（现就读重庆师范大学 MSW2020 级）对第一章、林佳（现就读重庆大学 MSW2021 级）对第二章和第五章、苏海瑞（现就读重庆师范大学社会工作本科 2018 级）对第三章、王俞茜（现就读中央财经大学 MSW2021 级）对第四章、秦莲（现就读华东理工大学 MSW2021 级）对第六章、刘睿（现就读重庆师范大学社会工作本科 2018 级）对第七章、程代超（现任宜宾学院社会工作专业教师）对第八章、何阳（现就读重庆师范大学 MSW2020 级）对第九章均有重要的写作贡献，在此表示感谢。

另外，本书的部分内容先后在《少年儿童研究》《青年发展论坛》《四川行政学院学报》《青少年研究与实践》《工会理论研究》《湖北警官学院学报》《重庆师范大学学报（社科版）》《社会福利》等期刊发表，在此注明并一并致谢！

本书无论在内容还是语言方面，都存在着很多的不足，承蒙中国社会出版社的大力支持与厚爱，在此深表谢意。尤其要感谢中国社会出版社的编辑老师给予的真诚帮助与细心斧正，本书才得以顺利出版。

本书参考了大量文献资料，吸收了其他研究者的各类研究成果，其中的主要来源已在注释中列出，如有遗漏，恳请谅解，并致以诚挚谢意。书中的错误和疏漏之处，恳请各位同行专家、读者、同学不吝指正。

刘斌志

2021 年 10 月 10 日于师大苑